Ulrich Kienzle

Die Schwaben. Wie sie wurden, was sie sind.

Ulrich Kienzle
Die Schwaben.

Wie sie wurden,
was sie sind.

Mit Cartoons von Mario Lars

sagas.edition

Erstauflage der erweiterten Neuauflage
Copyright © 2013 by sagas.edition, Stuttgart
Gestaltung und Satz: www. b3k-design, Max Bartholl / Andrea Schneider
Cartoons: Mario Lars
Lektorat: Martin Mühleis
Korrektorat: Dr. Birgit Gläser
Druck und Bindung: CPI - Clausen & Bosse, Leck
ISBN 978-3-9812510-0-5
www.sagas.de

Inhalt

Vorwort der Neuauflage:
Hybrid-Schwäbisch

Als die Erstauflage von »Wo kommsch denn Du alds Arschloch her?« erschien, hat der Titel so manchen Honoratiorenschwaben schockiert und irritiert. Ein »Arschloch« – erst recht ein gedrucktes – erregt offensichtlich bei gewissen Schwaben immer noch Anstoß. Das wundert mich, weil es im Alltag das meistbenutzte deutsche Schimpfwort ist.

Im Hochdeutschen ist es ja ziemlich eindeutig gemeint, im Schwäbischen dagegen wird's kompliziert. Da ist »Arschloch« nicht immer eine Beleidigung. Der Ton macht bekanntlich die Musik. Apropos Ton: Einer der feinsinnigsten Tonsetzer aller Zeiten, Wolfgang Amadeus Mozart himself, hat einen Kanon mit »Leck mich im Arsch« betitelt (Köchelverzeichnis Nr. 251). Seine schwäbischen Gene? Vater Leopold war schließlich Augsburger Schwabe. Das Genie hat ab und zu über die Stränge geschlagen und sprachliche Ausflüge in die Niederungen des Annalen geliebt.

Einige besonders »schenannte«[1] Schwaben und Schwäbinnen haben dagegen kein so entspanntes Verhältnis zu der Sache. Dieses A-Wort – so habe ich zu hören bekommen – nähmen doch nur ungebildete Schwaben in den Mund und die sprächen dann auch noch breites Schwäbisch. Entsetzlich! Diese Kritiker empfinden sich selbst als etwas »Besseres«. Dabei sprechen sie selbst oft ein seltsam klingendes Hybrid-Schwäbisch, ein schreckliches Kauderwelsch aus »gewölltem« (= wollen und nicht können) Hochdeutsch und frisiertem Schwäbisch. Hybrid halt. Diesen gekünstelten Mischmasch halten sie für vornehm, dabei ist er eigentlich nur lächerlich. Heimlich benutzen selbst diese Heuchler das A-Wort durchaus – aber doch nicht öffentlich!

Dieser Schwaben-Typ hat wegen seines Dialekts meist einen typisch schwäbischen Minderwertigkeitskomplex, versucht das aber

---

1 Schwäbisch für: pikierte

sprachlich zu kompensieren. Gelegentlich reden diese Sprachpanscher dann wie lebende Karikaturen. Statt »dohanna« (hier) sagen sie zum Beispiel dann bemüht »dahannen«. Oder aus: »Mach nore!« (Mach schnell!) wird ein gestelztes: »Mach naren!« Das wirkt dann unfreiwillig komisch. Sie verwechseln nämlich ihr parfümiertes Schwäbisch versehentlich mit Hochdeutsch. Authentisch ist das jedenfalls nicht.

Der Titel meines Buches, behaupte ich, hat dagegen etwas Argloses. »Wo kommsch denn du alds Arschloch her?« Mit diesem Satz pflegte mein Großvater in Neckarrems alte Kumpel zu begrüßen, die er länger nicht gesehen hatte. Das »Arschloch« war herzlich gemeint, ist aber, wie häufig im Schwäbischen, halt etwas grob formuliert. Arschloch heißt hier einfach »alter Kumpel« oder »alter Freund«. Ein ungelenker Versuch auf Schwäbisch, nett zu sein. Ein Allzweckwort, das man positiv und negativ aufladen kann. Zugegeben: Außenstehenden ist das nur schwer zu vermitteln.

Um eins mal klarzustellen: Mit dem »alden Arschloch« im Titel bin zunächst mal ich selbst gemeint. Ich wollte nämlich herausfinden, warum ich als Schwabe so geworden bin, wie ich nun einmal bin – mit allen Macken und »Mödela«[2]. Ich weiß: Die sind nicht vom Himmel gefallen. Sie wurden uns Schwaben anerzogen. »Wo kommsch denn du alds Arschloch her« ist deshalb auch historisch gemeint.

Schon als Korrespondent in Südafrika war Schwäbisch für mich äußerst nützlich. Immer wenn es in der Leitung knackte, sprach ich mit der Redaktion in Stuttgart breites Schwäbisch. Das verstanden die Schlapphüte des südafrikanischen Geheimdienstes nicht. Der Dialekt ist für mich aber mehr: Er ist mobile Heimat, die ich überallhin mitnehmen kann. Und weil ich ja ein bisschen in der Welt herumgekommen bin und sogar Hochdeutsch gelernt habe, nehme ich die Sache etwas lockerer. Wie auch immer mehr andere Schwaben. Wir können zwar, wenn wir ehrlich sind, nicht alles – aber wenn es unbedingt sein muss, Hochdeutsch.

2 Schwäbisch für: Eigenarten

Auf Schwäbisch kann ich mich allerdings viel besser ausdrücken. Ein »Arschloch« ist halt nicht immer ein »Arschloch«. Alles eine Frage der Betonung. Unmissverständlich ist Schwäbisch, wenn es lautmalerisch wird. Wenn ein Seil »fazzd«[3], muss ich nichts mehr erklären. Genauso, wenn der Regen »brazzelt«[4]. Oder wenn einer sagt: »Dr Mappus hot en Hommeleskopf!« Der Dialekt ist ausdrucksstärker, hat mir Sibylle Lewitscharoff im Interview gesagt. Sie schreibt feinste deutsche Prosa, sie hat alle renommierten Literaturpreise abgeräumt. Sie lebt in Berlin – und spricht trotzdem unverkennbar mit schwäbischem Akzent und möchte das auch gar nicht ändern. Sie ist authentisch.

Es ist jedenfalls eine spannende Geschichte, wie die Schwaben wurden, was sie sind. Besonders die resolute Zwangsumerziehung durch Pietisten, die evangelische Kirche und die schlaue Herrschaftsschicht der »Ehrbarkeit«. Die katholischen Schwaben hatten ja das große Glück, von diesen pietistischen Heimsuchungen verschont zu bleiben. Sie sündigten und beichteten nach der Reformation jahrhundertelang einfach weiter. Wie sich das eben für ordentliche Katholiken gehörte. Die evangelischen Schwabenmacher dagegen waren ehrgeizig. Sie wollten das Böse aus der Welt schaffen und einen neuen, frommen Menschen heranzüchten. Nach dem blutigen Chaos des Dreißigjährigen Krieges haben sie deshalb mit den Kirchenkonventen ihren Pappenheimern die schwäbischen Tugenden eingebläut. Wobei es nicht immer christlich zuging. Fast 200 Jahre lang wurden die armen Sünder umerzogen. Woche für Woche. Im Kirchenkonvent. Mit harten Strafen. »Kirchenzucht« hieß die rüde Methode. Am Schluss der langen Prozedur kam dann aber nicht der angestrebte gute Mensch zum Vorschein, sondern ein Phantom: Der etwas kauzige Schwabe, so wie wir ihn kennen – fleißig, fromm, obrigkeitshörig und genügsam. Ein schwieriger Typ.

Der Weg aus dieser »babylonischen Gefangenschaft« zurück in die menschliche und politische Normalität ist unsicher und anstren-

---

3 Schwäbisch für: reißt / 4 Schwäbisch für: trommelt

gend. Dazu musste mancher Schwabe zuerst mal zum »Wutbürger« werden oder einfach »die Sau rauslassen«.

Andere versuchen schnurstracks ins Hochdeutsche zu flüchten. Aber Vorsicht! Dadurch kriegen sie ihre schwäbische Vergangenheit nicht los. Sie werden allenfalls heimatlos.

Mit dem frischen Philosophikum in der Tasche wollte ich mir ein wenig die Zeit vertreiben. Meinen Tübinger Dozenten, Iring Fetscher, hatte eine Professur in Frankfurt ereilt – und er wollte mich später nachholen, als seinen Assistenten. Bis es so weit war, heuerte ich beim Fernsehen an, beim damaligen Süddeutschen Rundfunk, dem SDR. Ich wurde Reporter. Aus einem Zeitvertreib wurde eine Lebensaufgabe.

Eine meiner ersten Storys für den Sender war ein Porträt von Bruno Heck. Der war 1962 zum Familienminister in der Regierung Adenauer ernannt worden. Ein Schwabe und damit ein Thema für die »Abendschau«. Wir verabredeten uns am Haupteingang des Karlsruher Bahnhofs. Doch wer nicht kam, war der frisch gekürte Minister. Ich ging Zigaretten holen und als ich zurückkam, fragte ich den Kameramann:»Isch des Arschloch emmer no ned dô?«[5] Und eine unaufgeregte Stimme antwortete:»Des Arschloch stoht neba Ihne!«[6] Mir stockte der Atem – ich hatte ihn nicht erkannt. Heute fast schon ein Entlassungsgrund. Ich gebe zu: Auch damals war es ein ziemlicher Schock für mich und in der Schrecksekunde dachte ich: Das war's dann mit dem journalistischen Zeitvertreib. Ich hatte meinen schwäbischen Landsmann aber unterschätzt. Der Schwabe im Minister nahm's mit Humor und mein »Arschloch« blieb folgenlos.

Und so begann ich langsam, mich selber und meine Landsleute zu begreifen. »Arschloch« ist ein im Umgangsschwäbischen ziemlich gebräuchliches Wort – und wegen Umgangsschwäbisch wurde man damals nicht entlassen. Heck war zwar politisch ein konservativer Knochen, aber zuallererst war er Schwabe.

Wie Horst Jaedicke, der Programmdirektor des Südfunks. Ein Erz-Schwabe. Der regierte den Sender streng wie ein absolutistischer Herrscher. Und als solcher duzte er jeden. Er konnte leutselig und listig sein wie ein schwäbischer Schultes[7]. Ein medialer Duodezfürst,

5 Schwäbisch für:»Ist unser Freund noch immer nicht da?« / 6 Schwäbisch für:»Der Freund steht neben Ihnen!« / 7 Schwäbisch für: Bürgermeister

eine gefährliche Mischung. Eines Tages hatte »Serenissime« die Nase voll von mir. So ganz nebenbei kündigte er mir auf dem Flur – im Vorübergehen. Mit einer Begründung, die heute vor keinem Gericht bestehen könnte: »I will di hier nemme seha!«[8] Das war, kurz formuliert, der Rausschmiss beim SDR. So komisch es klingen mag: Diese Kündigung auf Schwäbisch wurde der Beginn einer wunderbaren Freundschaft.

Zunächst sah es aber nicht danach aus. Drei Wochen später landete ich beim WDR-Fernsehen in Köln. Beim Dritten. Köln und die Kölner waren für mich ziemlich gewöhnungsbedürftig. Köln ging ja noch, aber der Dialekt! Verglichen damit war Schwäbisch eine verständliche Weltsprache. Eines Tages entdeckte ich auf einer Speisekarte einen »halve Hahn«. Als Schwabe war ich natürlich höchst überrascht, wie billig Hähnchen in Köln zu haben waren. Als der Kellner das vermeintliche Schnäppchen schließlich servierte, entpuppte es sich als mickriges Käsebrötchen. Da wurde mir klar: Die Welt außerhalb des schwäbischen Sprachraums steckte voller Tücken.

Nach eineinhalb Jahren in Köln klingelte bei mir das Telefon: »Willsch wieder hoim?«, fragte ein sichtlich vergnügter Jaedicke. Er suchte einen neuen »Abendschau«-Chef. Das war verlockend. »Kommsch am Sonntagfrüh in mai Biro, damit di koiner sieht!«[9] Als ich, wie verabredet, sein Büro betrat, fragte er schnippisch: »Gell, des hättsch ned denkt?«[10], um gleich darauf zur Sache zu kommen: »Willsch oder willsch ned?«[11] Ich wollte schon, aber eigentlich wollte ich noch übers Geld reden. »Des isch ned netig, i geb dir auf jeden Fall meh als du beim WDR kriegt hosch!«[12] Damit war mein Einstellungsgespräch beendet. Ich träumte von neuen Gehaltsdimensionen als Abteilungsleiter, konnte später auf meiner ersten Gehaltsabrechnung aber keine wesentliche Erhöhung entdecken. Einige Wochen später kam Jaedicke, wie es so seine Art war, an meinen Tisch im Kasino und fragte ziemlich schelmisch: »Hosch was gmerkt?«[13] Als

8 Schwäbisch für: »Ich will dich hier nicht mehr sehen!« / 9 Schwäbisch für: »Komm[st] am Sonntagvormittag in mein Büro, damit dich keiner sieht!« / 10 Schwäbisch für: »Das hättest du nicht erwartet, nicht wahr?« / 11 Schwäbisch für: »Willst du oder willst du nicht?« / 12 Schwäbisch für: »Das ist nicht notwendig. Ich gebe dir auf jeden Fall mehr als du beim WDR bekommen hast!«

ich verneinte, reagierte er sichtlich enttäuscht: »Aber i hab dir doch 100 Mark meh gebba!«[14] Brutto. Nach Abzug der Steuern blieb für den »Abteilungsleiter« nur etwas mehr als ein Mittagessen als Zubrot. Am eigenen Leib hatte ich erfahren, wie weit schwäbische Sparsamkeit gehen konnte.

Vier Jahre lang machte ich die »Abendschau«, dann kam es, wie es kommen musste. Ministerpräsident Filbinger hatte während einer Pressekonferenz zum ersten Fischsterben im damals durch Industrieabwässer völlig verunreinigten Neckar mit einer eigenwilligen Interpretation des Fischtodes Aufsehen erregt: Nur die dummen Fische seien gestorben, die intelligenten schwämmen noch immer in der Tiefe – wo es genug Sauerstoff gäbe. »Armes Baden-Württemberg – wenn es ähnlich intelligent regiert wird«, hatte ich in der »Abendschau« kommentiert. Das hatte dem Ministerpräsidenten missfallen.

Der Intendant fand eine intelligente Lösung. Er schickte mich in den Nahen Osten. Eine noch fremdere und unverständlichere Welt als die schwäbische – und ganz ohne Trollinger[15]. Den hielt ich damals, wie viele Schwaben, für den besten Rotwein der Welt. Deshalb packte ich einige Flaschen in mein Umzugsgepäck. Aber schon nach wenigen Wochen in Beirut merkte ich, dass der Cabernet Sauvignon von Ksara meinen Trollinger weit in den Schatten stellte.

Es kam zu einer gewissen Entfremdung, aber inzwischen habe ich wieder meinen Frieden mit schwäbischen Weinen geschlossen. Sie sind besser als ihr Ruf. Verglichen mit vielen Allerweltsweinen hat der Trollinger jedenfalls Charakter, und »in Maßen genossen, kann er bekanntlich auch in größeren Mengen nicht schaden«[16].

Zurück in Deutschland wurde ich Chefredakteur von Radio Bremen – und schnell wieder ein Opfer meines Schwabentums. Die Kollegen hatten sich irgendwann ein Herz gefasst und protestierten. Die Kritik war massiv und sie traf mich bis ins Mark. Ich sei unfähig zu loben, monierten sie lautstark. Ihre Arbeit werde nicht geschätzt, alle ihre Anstrengungen seien umsonst.

13 Schwäbisch für: »Hast du etwas bemerkt?« / 14 Schwäbisch für: »Aber ich habe dir doch 100 DM mehr gegeben!« / 15 Schwäbische Traubensorten bzw. der daraus gekelterte Wein / 16 Zitat Otto Linsenmaier, langjähriger Weinbaureferent im Landwirtschaftsministerium Baden-Württemberg

Diese massiven Angriffe irritierten mich, war ich doch sicher, ihre Berichte gelegentlich sogar in höchsten Tönen gelobt zu haben. »›Nicht schlecht‹ ist das höchste Lob, das Sie über die Lippen bringen – und das empfinden wir als Beleidigung!« Das saß. Es war bitter ernst gemeint – und es stimmte auch noch. Ein schwäbisches Missverständnis. Meinen hanseatischen Kollegen erschien ich wie ein Wesen aus einer fernen, fremden Welt. Und als ich ihnen verzweifelt zu erklären versuchte, dass »ned[17] schlecht« das höchste Lob sei, zu dem ein Schwabe fähig ist, bezweifelten sie wohl insgeheim, dass es eine solch kollektive Stammesdeformation geben könne.

Es war aber alles andere als eine Ausrede. Erst später wurde mir klar, dass der Schwabe tatsächlich so seine Schwierigkeiten hat, was das Loben angeht, eine Macke, eine Art Behinderung. Wenn er zum Essen eingeladen wird und er zufrieden ist, dann neigt der Schwabe nicht zu Jubelarien, sondern ringt sich allenfalls ein »'s war recht!«[18] ab. Wenn's ihm gut geschmeckt hat, wird er fast überschwänglich: »Mr hot 's essa kenna!«[19] Und wenn's gar nicht geschmeckt hat, dann zieht er sich mit einer diplomatischen Floskel aus der Affäre: »Ha, des wär doch ned netig gwesa!«[20] Schwierige Menschen, die Schwaben. Die vielen Macken – wir sagen »Mödela« – fielen aber nicht vom Himmel. Sie wurden uns anerzogen. Von den Pietisten und der einflussreichen evangelischen Kirche. Und wie diese Schwabenmacher den Schwaben erfanden und wie dieser langsam wieder verschwindet – das ist der Inhalt dieses Buches. Doch damit wären wir schon mitten im Thema. Aber – »no ned hudle«[21] – fangen wir ganz von vorne an. Mit dem ersten Kapitel.

---

17 Schwäbisch für: nicht / 18 Schwäbisch für: »Lecker!« / 19 Schwäbisch für: »Sehr lecker!« / 20 Schwäbisch für: »So viel Mühe wäre doch nicht notwendig gewesen!« / 21 Schwäbisch für: »nur nichts überstürzen«

Die Schwaben.
Wie sie wurden, was sie sind.

Von den Multikulti-Staufern zum FC »Schwaben-Augsburg«.

Eine schwäbische Schrumpfkur

Ihre Nachbarn nannten sie Sueben – die Herumschweifenden. Ein unternehmungslustiges Völkchen, wie der Name schon sagt. Vor der Völkerwanderung machten sie den hohen Norden unsicher: das Baltikum, dort, wo heute Estland und Lettland auf der Landkarte zu finden sind. Die Ostsee hieß damals *Mare Suebicum*, Schwäbisches Meer. Aber: Die Gegend war ihnen wohl zu kalt, weshalb sie sich auf den beschwerlichen Weg in den wärmeren Süden machten – ganz

offensichtlich also frühe Klima- und Wirtschaftsflüchtlinge, die sich ein besseres Leben erhofften. Aber sie kamen nicht als hilfesuchende Asylanten, sondern als bewaffnete Migranten. In der Neujahrsnacht des Jahres 408 überquerten sie den Rhein bei Mainz und eroberten langsam die Region, die sich heute »Voralpen« nennt. Die Römer verpassten den Ankömmlingen einen neuen Namen: »Alemanni«. Was an deren suebischen Genen nichts änderte.

Im Mittelalter räuberten diese »Alamannen« das Herzogtum Schwaben zusammen. Schnell machten sie sich breit in einem Land, das vom Lech im Osten bis zu den Vogesen im Westen reichte, von Cannstatt im Norden bis Chiavenna in der Nähe des Comer Sees im Süden. Zu ihm gehörten auch Gegenden, die heute in der Schweiz liegen, im Elsass, in Bayerisch-Schwaben und im österreichischen Vorarlberg. Auch wenn es Altbadener heute noch ärgert: Auch die Badener nannten sich damals Schwaben. Der erste Herzog war, wenn man sehr großzügig sein will, ein Schweizer – Burchard I.[22] Das wiederum ist nicht ohne Ironie, weil »Sauschwab« später ein beliebtes Schweizer Schimpfwort für alle Deutschen nördlich von Schaffhausen geworden ist.

Auch ein Bayer, ein Sachse und ein Franke herrschten mal als schwäbische Herzöge. Staufer, Welfen und Zähringer kämpften dann lange zäh und verbissen um Macht und Einfluss im Herzogtum, bis sich am Schluss die Staufer durchsetzten. Unter ihrer Herrschaft sind die Schwaben schließlich zu Macht und Ansehen gekommen. Die kurze Herrschaft der Staufer gilt gemeinhin als Höhepunkt der schwäbischen Geschichte. Schwaben war groß und einflussreich. Es gehörte damals zu den fünf Stammesherzogtümern, die zusammen mit Sachsen, Franken, Lothringen und *Baiern*[23] das Deutsche Reich ausmachten. Aber: Für die Suche nach dem historischen Selbstverständnis der Schwaben gibt das alte Herzogtum nicht allzu viel her. Es existierte nicht einmal 350 Jahre und es war von Anfang an ein fragiles Gebilde. Es hatte keine Hauptstadt und kein politisches Zentrum.

---

22 Burchard I. wurde zwischen 855 und 860 geboren. Er war der erste Herzog von Schwaben sowie Markgraf in Rätien und Graf im Thurgau und der Baar. /
23 Offizielle Schreibweise bis 1806

Die Staufer Friedrich I.[24], wegen seines üppigen roten Bartwuchses Barbarossa genannt, und sein Enkel Friedrich II.[25], gemeinhin ganz unbescheiden als »Wunder der Welt« bezeichnet, eignen sich außerdem nicht besonders als Stammväter der Schwaben. Dafür waren sie viel zu weltläufig und zu wenig an ihrer schwäbischen Identität und Heimat interessiert. Ganz offensichtlich war das Herzogtum Schwaben für die Staufer lediglich ein Sprungbrett für Höheres: die Kaiserkrone. Barbarossa wurde im 19. Jahrhundert gerade deshalb von deutschen Nationalisten vereinnahmt, die von der Einheit

24 Friedrich I. entstammt dem Adelsgeschlecht der Staufer und wurde um 1122 geboren. Er war von 1147 bis 1152 Herzog von Schwaben, von 1152 bis 1190 römisch-deutscher König und von 1155 bis 1190 Kaiser des römisch-deutschen Reiches. / 25 Friedrich II. (1194–1250) war von 1220 bis zu seinem Tod Kaiser des römisch-deutschen Reiches und ab 1229 König von Jerusalem. Er war hochgebildet, sprach mehrere Sprachen und galt als »erster moderner Mensch auf dem Thron«.

schwärmten. Die Kyffhäusersage[26] war das zentrale Politmärchen der deutsch-nationalen Fantasywelt. Barbarossa der Erlöser, der im Verborgenen – im von Raben umschwärmten Kyffhäuserberg – darauf wartet, die Deutschen zur Einheit zu führen. Von Stammesunterschieden und Partikularinteressen wollten die Einheitsträumer nichts wissen. Dass Barbarossa Schwabe war, spielte keine Rolle. Friedrich Rückert – damals ein erfolgreicher Poet – hat »Kaiser Rotbart« aus dem Mythen-Koma gedichtet und künstlich wiederbelebt:

> *Er hat hinabgenommen*
> *Des Reiches Herrlichkeit*
> *Und wird einst wiederkommen*
> *Mit ihr, zu seiner Zeit.*

Friedrich II. bietet noch weniger für die schwäbische Identitätssuche als Barbarossa. »Der modernste Mensch des Spätmittelalters« residierte nicht mal auf seiner Stammburg Hohenstaufen – sondern im fernen Sizilien. Und er sprach Arabisch. Ob er auch Schwäbisch konnte, ist nicht überliefert. Ein Multikulti-Kaiser. Er hat Jerusalem erobert, nicht – wie damals üblich – mit Feuer und Schwert, sondern durch Verhandlungen und Gespräche. Ein unblutiger Kreuzzug. In Sizilien wird er heute noch verehrt als »Federico Secondo«. Mit der Enthauptung des letzten Staufers, des erst 14-jährigen Konradin, 1268 in Neapel verschwanden die weltläufigen Staufer aus der Geschichte und wurden zur historischen Legende. Die Macht des schwäbischen Stammes war also nur ein kurzer Traum.

In dieses Machtvakuum stießen die eher provinziellen Grafen von Württemberg und die Markgrafen von Baden – und die begannen auseinanderzudividieren, was eigentlich eins war. Das schwäbische Elsass ging verloren[27], dann löste sich auch die Schweiz vom schwäbischen Mutterland[28]. Der Rest zerfiel in kleine, kümmerliche Herrschaften, die von Grafen und Baronen, von Städten und Klöstern regiert wurden. Schrumpf-Schwaben.

26 In dieser Sage schläft Barbarossa mit seinen Gefolgsleuten in einer Höhle des Kyffhäuserbergs südöstlich des Harzes, um eines Tages zu erwachen und als Friedenskaiser das Reich zu neuer Größe zu führen. Die Sage entspringt dem Motiv der Bergentrückung, das aus dem skandinavischen Kulturraum stammt: Herrscher sterben nicht, sondern werden in einen Berg entrückt – bis sie zurückkehren, um ihr Land zu retten.

Auch im großen Fegefeuer der Napoleonischen Kriege ist das alte Herzogtum nicht mehr zusammengekommen. Unwiderruflich verschwand es in der Geschichte. Nur noch schemenhaft war zu erkennen, was eigentlich »typisch schwäbisch« ist. Nur so viel blieb sicher: Es gehörte schon immer zur Eigenheit des Schwäbischen, sich nicht um politische Grenzen zu kümmern.

Für manche erscheint das Herzogtum Schwaben heute im verklärenden Rückblick als gloriose, lang anhaltende Erfolgsgeschichte. Schwaben über alles. Für sie ist »Schwaben« eine diffuse, sehr ferne,

27   Das Elsass war von 988 bis 1250 Teil des Herzogtums Schwaben. /
28   Im sogenannten »Schwabenkrieg« im Jahr 1499

verschwommene Erinnerung. Die Stuttgarter Staufer-Ausstellung von 1977 hat versucht, sie wieder zu beleben. Ein bisschen schwäbische Größe sollte auf Baden-Württemberg abfärben und die Schwaben mit dem neuen Bundesland versöhnen. Schließlich war der Name »Schwaben« bei der Abstimmung im Jahr 1951 um den neuen Landesnamen unterlegen. Ein später Sieg der Altbadener. Das technokratische »Baden-Württemberg« hatte gesiegt. Ein Bindestrich-Land. Heute muss man lange suchen, um noch Überbleibsel des politischen Schwabens zu entdecken. Und es ist nicht ohne Ironie, dass man ausgerechnet in Bayern fündig wird. Aus dem großen Herzogtum Schwaben ist ein kleiner, bayerischer Regierungsbezirk geworden. Politisch bedeutungslos. Eine dramatische schwäbische Schrumpfkur. Die Bewohner zwischen Iller und Lech, um Augsburg herum und im Ries, sind zwar seit 1806 politisch Bayern, stammesmäßig aber so schwäbisch wie die Stuttgarter Schwaben. Sozusagen der letzte traurige Rest, der noch den Namen des einst stolzen Herzogtums trägt. Diese katholischen bayerischen Schwaben sind von den evangelischen Württembergern immer ignoriert worden. Die Württemberger waren es, die früh die Deutungshoheit über das Schwabentum an sich gerissen haben. Sebastian Blau, Thaddäus Troll und ihre Epigonen bestimmten, was schwäbisch ist. Die bayerischen Schwaben kamen bei ihnen nicht besonders gut weg. Wenn's aber ums Renommieren ging, hat Thaddäus Troll die Augsburger brav mitgezählt – Bert Brecht, die Welser und die Fugger.

Bayerisch-Schwaben ist in den letzten Jahrzehnten zum ethnischen Niemandsland zwischen Altbayern und Baden-Württemberg geworden, ziemlich schutzlos den Bajuwarisierungsversuchen der expansiven Altbayern ausgeliefert. Hilfe ist nirgendwo in Sicht. Es gibt kein schwäbisches politisches Zentrum zur Orientierung. Diese bayerischen Schwaben sind deshalb keine richtigen Bayern, aber auch keine überzeugten Schwaben mehr. Selbstzweifel, Minderwertigkeits- und Identitätsprobleme plagen auch sie. Der typisch schwäbische Komplex. Ihr Schwäbisch ist zwar etwas rauer, aber es ist unleugbar Schwäbisch, wie auch das der Allgäuer. Der Kemptener Ignaz Kiechle, langjähriger Bonner Landwirtschaftsminister, genierte sich nicht wegen seines Dialektes. Er konnte wohl auch nicht anders. Der Augsburger Schwabe und Ex-Finanzminister Theo Waigel dagegen hat sein Schwäbisch leicht bajuwarisch parfümiert, als er bayerischer Ministerpräsident werden wollte – was die Altbayern zu verhindern wussten. Lange aber waren diese Schwaben erfolgreicher als die aus dem Stuttgarter Unterland und die Bayern zusammen – besonders in Gelddingen.

Augsburg – das World Trade Center des Spätmittelalters

Augsburg war einst die reichste Stadt der Welt. Behauptete zumindest 1468 Silvio Piccolomini, besser bekannt als Papst Pius II. Stuttgart war damals noch tiefste Provinz – München nicht minder. Augsburg glänzte als Welthandelszentrum jener Zeit, sozusagen als das schwäbische World Trade Center. Die Fugger[29] beherrschten zu Beginn des 16. Jahrhunderts die Handels- und Bankgeschäfte der damaligen Welt. Nicht die Fischköpfe von der Hanse, sondern die Landratten aus Augsburg haben als erste Deutsche den Seeweg nach Ostindien merkantil genutzt, sie waren die ersten »Global Player«. Jakob Fugger[30], genannt der Reiche, schmiedete damals den ersten Weltkonzern zusammen. Mit Cleverness, Organisationstalent, Sinn für internationale Kontakte – und wenn es sein musste, auch mit renaissancehafter Skrupellosigkeit. Er spielte schon mal Schicksal und kaufte sich einen Kaiser, der für seine Geschäfte gut war. Ein teures und riskantes Investment. 850 000 Gulden Bestechungsgeld musste er für die Wahl Kaiser Karls V.[31] berappen – das sollen immerhin drei Tonnen Gold gewesen sein. Die Goldene Schreibstube war das legendäre Zentrum der Fuggerfirma, der Augsburger Rindermarkt die »Wall Street« des Heiligen Römischen Reiches Deutscher Nation. Die Fugger machten aber nicht nur Bankgeschäfte. Mit viel politischem Geschick eroberten sie ein europäisches Kupfermonopol.

Jakob war ein begnadeter Geldscheffler, er galt als einer der innovativsten Geister seiner Zeit. Er baute ein weltweites Netzwerk auf und setzte voll auf Kommunikation: auf den Kurierdienst des gleichaltrigen Franz von Taxis, der es damals in sieben Tagen schaffte, mit seiner Pferdestaffel Briefe, Waren oder Geld von Augsburg nach

---

29 Schwäbisches Kaufmannsgeschlecht, seit 1367 in Augsburg ansässig, das im 16. Jahrhundert den Großteil der europäischen Wirtschaft kontrollierte / 30 Jakob Fugger (1459–1525) bestimmte ab 1487 die Geschäftspolitik der Familienfirma und baute diese innerhalb weniger Jahrzehnte zu einem europaweit tätigen Unternehmen aus.

Venedig zu transportieren. Diese Reiterstaffel ist die Urform internationaler Kommunikation.

Um den Überblick über ihren multinationalen Konzern zu behalten, führten die Augsburger die doppelte Buchführung aus Italien ein. Nicht nur Umsätze, sondern auch Warenaus- und -eingang wurden peinlich genau festgehalten. Und Fugger wollte wissen, was seine Konkurrenten so trieben. Deshalb baute er einen eigenen europäischen Nachrichtendienst auf. Schon damals galt halt: Wissen ist Macht. Seine Spitzel schnüffelten die Konkurrenten aus, zum Vorteil

31 Karl V. (1500–1558) aus dem Haus Habsburg war König von Spanien und wurde 1519 zum römisch-deutschen Kaiser gewählt. Bei der Wahlauseinandersetzung zwischen Karl und Franz I. von Frankreich profitierte der spanische König von der finanziellen Unterstützung der Fugger.

der eigenen Firma – so ganz nebenbei erfanden die Fugger so auch die organisierte Wirtschaftsspionage.

In Augsburg wurde das große Geld und häufig auch große Politik gemacht und Jakob Fugger agierte lange als Mann im Hintergrund – als Geldgeber. Martin Luther hat ihm vorgeworfen, sich durch Zinsen aus dem Ablasshandel bereichert und Massengüter künstlich verknappt zu haben, um dadurch später seinen Profit zu steigern. Fugger, der Monopolist. »Fuggern« ist im Lauf der Zeit so zu einem Synonym für »schachern« und »betrügen« geworden.

Noch härter als Luther polemisierte Ulrich von Hutten gegen die Augsburger Multis. Der Reichsritter und Dichter schrieb den satirischen Dialog »Die Räuber«. Darin schilderte er die Augsburger Konzernchefs als »beutegierige Verbrecher, die Deutschland ausplündern, mit ihrem Geld die Sitten verderben, seriöse Geschäftsleute ruinieren, die Preise hochtreiben, die Kirche korrumpieren und an der Not des Volkes die größte Schuld tragen.«

Starker Tobak. Und in seiner Radikalität durchaus vergleichbar mit der Kritik an den gierigen Managern der Finanzkrise. Man traute den Fuggern alles zu. Wie heutzutage der Deutschen Bank.

Jakob Fugger aber erkannte die Gefahr für seine Geschäfte und ließ sich zur Imageverbesserung etwas Spektakuläres einfallen: die erste Sozialsiedlung der Welt, die »Fuggerei«. Eine echte Pionierleistung, aber natürlich auch ein Feigenblatt für die Firma Fugger. 160 Menschen in Augsburg, »unverschuldet in Not Geratene«, profitieren heute noch von dieser Stiftung. Sie zahlen für ihre Wohnungen ganze 88 Cent Kaltmiete. Das ist etwa der aktuelle Gegenwert eines Rheinischen Guldens. Voraussetzung: Sie müssen bedürftig und katholisch sein, denn zu ihren Pflichten gehört es, für den Stifter täglich ein »Vaterunser«, ein »Ave Maria« und ein Glaubensbekenntnis zu beten.

Höhepunkt der Stadtgeschichte ist zweifellos der Augsburger Religionsfriede vom 25. September 1555. Damals schlossen Kaiser und Fürsten auf dem Reichstag einen historischen Kompromiss: Die Fürsten durften danach die Religionszugehörigkeit ihrer Landeskinder bestimmen. Ein denkwürdiger Tag in der schwäbischen und deutschen Geschichte.

Mit dem Niedergang der Fugger aber verlor Augsburg immer mehr an Bedeutung. Es gab keine Fugger mehr von richtigem Fugger-Format. Die Nachfolger waren nicht so gierig auf Geschäfte, sie lebten lieber von der Substanz. Der spanische Staatsbankrott im 16. Jahrhundert traf den schwäbischen Trust ganz besonders. Gleich dreimal musste der spanisch-habsburgische König Philipp II. während seiner Regierungszeit seinen Gläubigern den Staatsbankrott erklären. Grund dafür waren die hohen Kriegsausgaben und der üppige Hofstaat. Am Ende seiner Regierungszeit beliefen sich die jährlichen Zinszahlungen für seine Kredite auf 40 Prozent der staatlichen Einnahmen. Die Pleite der spanischen Habsburger kostete die Fugger sechs Millionen Gulden. Eine Katastrophe. Mit Blick auf das heutige Europa und seine Euro- und Staatskrise scheint sich Geschichte auf irritierende Weise zu wiederholen. Übrigens: Die Schulden bei den Fuggern haben die Spanier bis heute nicht beglichen …

Lange war das schwäbische Augsburg das finanzpolitische Zentrum des Reiches. Nach den Fuggern wurde es allmählich wieder schwäbische Provinz. Erst im 19. Jahrhundert erlangte Augsburg noch einmal nationale Bedeutung – mit der Augsburger Allgemeinen. Der schwäbische Verleger Johann Friedrich Cotta hatte den Ehrgeiz, das Blatt zur »deutschen Times« zu machen. Wegen der harschen und gnadenlosen Zensur durch Kurfürst Friedrich von Württemberg war das damals in Stuttgart nicht möglich. Also verlegte er seine Allgemeine Zeitung zuerst von Stuttgart nach Ulm und später dann nach Augsburg. Mit der politischen und journalistischen Freiheit war es in Württemberg halt nicht weit her, deshalb ging er ins bayerische Schwaben. Hier entwickelte sich die Augsburger Allgemeine bald zu einem Qualitätsblatt für die liberale deutsche Elite. Paris-Korrespondent war lange ein Schreiber namens Heinrich Heine und aus Bremen korrespondierte ein gewisser Friedrich Engels mit dem Intelligenzblatt. Auch journalistische Knüller gab es damals schon: Exklusiv berichtete zum Beispiel der Archäologe Heinrich

Schliemann über seine Ausgrabungen in Troja. Journalistisches Welt-niveau aus der schwäbischen Provinz.

Die Augsburger Allgemeine, in den 50er-Jahren wiedergegründet, erreichte nie wieder die Bedeutung ihres Vorgängerblatts aus dem 19. Jahrhundert. Jetzt war Augsburg endgültig Provinz. Das bekann-teste Produkt aus der Region ist die dortige »Puppenkiste«.

Ansonsten stehen Augsburg und seine Region in vorderster Front im Sprachkampf zwischen Bayerisch und Schwäbisch. Das Bayerische ist auf dem Vormarsch, Schwäbisch in der Defensive. Viele bayerische Ausdrücke haben sich längst ins Schwäbische eingeschlichen – und ein erfolgreicher Schleichweg führt oft über die Augsburger Allge-meine. In einem Beitrag über Maultaschen heißt es zum Beispiel: »Maultaschen sind ein traditionelles Schmankerl auf dem Tisch des Schwaben.« *Schmankerl* – ein bayerischer Begriff für schwäbische Leckerbissen! Das schwäbische *Fässle* mutiert in Augsburg zum *Fasserl*, das *Fleischküchle* zum *Fleischpflanzerl*, das *Bierstüble* zum *Bierstüberl* und die *Brezel* zur *Brez'n*.

Zugegeben: Das sind keine weltbewegenden Veränderungen, es ist eher eine schleichende Entwicklung. Bayerischer wird das Schwä-bische dadurch aber schon. Dagegen wehren sich seit einiger Zeit Wissenschaftler der Uni Augsburg. Sie beklagen den fortschreiten-den Identitätsverlust der bayerischen Schwaben. Und »Hoi'ga:da«, eine schwäbische Musikgruppe, hat dem Bayerischen sogar den Kampf angesagt – mit schwäbischem Rock und Pop.

Eine Massenbewegung ist das freilich nicht. Symptomatisch für die schwäbische Stimmungslage ist eher ein Bericht über eine Allensbacher Dialektumfrage. »Ganz Deutschland steht auf den bay-erischen Dialekt«, jubelt ausgerechnet die Augsburger Allgemeine, das Blatt aus der Hauptstadt Bayerisch-Schwabens. Laut Umfrage sind es dann aber gerade mal mickrige 35 Prozent der Deutschen, die Bayerisch mögen. Ganz Deutschland? Schwäbisch, so der Bericht abfällig, »kommt nur bei 20 Prozent der Deutschen an«.

Aber die Allensbach-Umfrage sagt auch: Schwäbisch steht in der Umfrage immerhin an vierter Stelle der Beliebtheitsskala. Eine kleine Sensation, die der pro-bayerische Jubelbericht unterschlägt. Damit hat das Schwäbische einen erstaunlich steilen Aufstieg zu verzeichnen. Vor der Wiedervereinigung war es Schlusslicht unter den deutschen Dialekten. Jetzt trägt das Sächsische die rote Laterne.

Umfragen – das sollte man immer bedenken – haben einen begrenzten Erkenntniswert. Als Symptom ist die Geschichte trotzdem interessant. Zeigt sie doch auf drastische Weise, wie die Bajuwarisierung der bayerischen Schwaben im Alltag funktioniert, wie sie – anders als die aufmüpfigen Franken – leicht zu Beute-Bayern werden. Das bayerische Selbstbewusstsein steckt wohl manchen schwächelnden Schwaben an. »Mir san mir!« Da möchte er gerne mithalten können. Bayern ist außerdem über die Jahrhunderte ein eigenständiges Land geblieben. Mit einem starken politischen Zentrum. Das macht Eindruck. Schwierig, in einer solchen Situation Kurs zu halten und das schwäbische »Brei-Maul«[32] aufzumachen. Seit der FC Augsburg den Aufstieg in die Bundesliga geschafft hat, ist das ein bisschen besser geworden. Zaghaft entwickelt sich ein neues schwäbisches Selbstbewusstsein gegenüber den »Bayern«. Fußballerisch gesehen.

Politisch sieht es anders aus. Das Herzogtum Schwaben hat halt nie ein starkes Zentrum entwickelt und so ist es bezeichnend, dass Schwaben heute nur noch als bayerischer Regierungsbezirk existiert. Und als ferner Traum. Barbarossa ist eben schon lange Geschichte.

Ein bisschen Glanz fiel in der großen Finanzkrise der 2000er-Jahre auf die Augsburger »Privatbank Fürst Fugger«. Laut einer Studie bot sie ihren Kunden die beste Vermögensverwaltung in ganz Deutschland – weil sie vor der Finanzkrise das Börsenvermögen rechtzeitig in Bargeld getauscht hatte. Die Fugger beherrschen ihr Geschäft halt doch noch.

---

32 Umschreibung für »schwäbische Behäbigkeit«

Deutschlands schwierigster Stamm

»Warum werfen sich Schwaben bei Gewitter blitzartig auf den Bauch?« Antwort: »Weil der Blitz noch nie in ein Arschloch eingeschlagen hat.« Eigentlich ein blöder Witz. Er könnte von Schwaben-Hassern stammen. Aber weit gefehlt. Ich habe ihn auf einer der vielen schwäbischen Witzseiten im Internet gefunden. Das stimmt schon mal nachdenklich: Schwaben, die sich lustig machen über Schwaben.

»Gottes schönste Gabe ist der Schwabe!«, heißt es großspurig in einer anderen. Und da wären wir auch schon beim Kern des Problems: Kein anderer deutscher Stamm macht sich selbst so madig wie die Schwaben, lobt sich andererseits, dass es fast schon peinlich ist:

Der Schiller und der Hegel,
der Uhland und der Hauff,
das ist bei uns die Regel,
das fällt bei uns nicht auf!

Was es damit auf sich hat, ist rätselhaft. Ist es Selbstironie? Oder Größenwahn? Eigentlich gibt so nur jemand an, der einen Minderwertigkeitskomplex hat. Das Schwanken zwischen Größenwahn und Minderwertigkeit ist denn auch eine schwäbische Kollektivneurose – Schwabe zu sein, ist auch heute noch kein leichtes Schicksal. Das »Imidsch«[33] ist schlecht. Trotz der Dichter und Denker. Trotz der Tüftler. Trotz der Wutbürger. Trotz Mercedes und Porsche – man geniert sich halt manchmal. Eine alte Geschichte.

»Ob denn die Schwaben nit auch Leut' wären?«, hat die Zimmerische Chronik Mitte des 16. Jahrhunderts hinterlistig gefragt. Schon

33 Schwäbisch für: Image

damals hatten die Schwaben die Arschkarte. Inzwischen ist die Frage ja einigermaßen beantwortet: Eigentlich ist der Schwabe schon ein Mensch wie jeder andere. Nur halt ein bisschen anders. Noch immer rätselhaft. Undurchschaubar. »Oizecht«.[34]

Dazu passt eine Anmerkung des 1807 in Ludwigsburg geborenen Philosophen Friedrich Theodor Vischer. Über die Schwaben notierte er: »Völklein schwer zu begreifen. Gutes und Schlimmes verknäuelt wie kaum irgendwo.«

Vielleicht geistert deshalb das Bild vom »hässlichen Schwaben« auch heute noch durch die Medien. Geizig, ein bisschen doof, manchmal auch »knitz«[35] verschlagen, das ist das »Imidsch« der Schwaben. Besonders im Internet werden sie gerne als Witzfiguren gepiesackt:

Ein Berliner, ein Bayer und ein Schwabe sitzen in einem Biergarten. Plötzlich, wie das so ist, wenn man im Freien trinkt, landet eine Fliege im Bierkrug des Berliners. Angeekelt ruft er die Bedienung und bestellt ein neues Bier. Kurze Zeit später passiert dem Bayern das gleiche Missgeschick. Der greift in seinen Krug, fischt die Fliege heraus – und trinkt weiter.

Und wie es das Schicksal will: Auch der Schwabe bleibt nicht von den Tücken der Natur verschont. Er zieht die Fliege vorsichtig aus dem wertvollen Gerstensaft, schaut sie an und brüllt: »Spuck's aus! Aber älles!«[36]

Hinter solchen Gemeinheiten stecken wohl häufig badische Witzbolde. Eine kreative Kompensation für den Verlust der badischen Eigenstaatlichkeit. Dieses Negativ-»Imidsch« hat verhängnisvolle Folgen. Mancher erfolgreiche Schwabe »scheniert« sich deshalb, Schwabe zu sein. Jürgen Klopp zum Beispiel, der Erfolgstrainer des Fußballbundesligisten Borussia Dortmund, hat Schwierigkeiten mit seiner Herkunft aus dem eher provinziellen Calw, früher eine Hochburg der Pietisten. In einem Interview mit dem Nachrichtenmagazin Focus fühlte er sich bemüßigt zu versichern, er sei kein typischer Schwabe:»Es gibt keinen Reflex in mir, der mich am Samstagmorgen

---

34 Schwäbisch für: einzig, einzigartig / 35 Schwäbisch für: listig /
36 Schwäbisch für:»Spuck' es aus! Aber vollständig!«

die Straße kehren lässt.« Kehrwoche, Geiz und Spätzle. Die steinalten Klischees. Schon im Mittelalter war »der doofe Schwabe« eine stehende Figur in vielen Schwänken. Schon damals dienten die Schwaben als Zielscheibe des Spotts:

Als der liebe Gott einmal spazieren geht, sieht er am Wegesrand einen Mann sitzen, der Rotz und Wasser heult. »Warom heulsch du?«[37], fragt er den Verzweifelten. »Weil i a Schwob bee!«[38], gibt der zur Antwort. Da zuckt der Allmächtige mitleidsvoll mit den Schultern. »Do kaa i dir au ned helfa!«[39]

Es ist erstaunlich: Diese fiese Story fehlt in keinem Schwabenbuch von Sebastian Blau bis Thaddäus Troll. Das hat etwas Masochistisches. Der Schwabe, ein hoffnungsloser Fall – auch für die Schwaben selbst. Schon im 15. Jahrhundert lästerte man: »Die Schwaben sind von hoher Abkunft, wie wir wissen. Es hat sie ein Vogel vom Baum geschissen.«

Der Gipfel der Ruchlosigkeit aber ist die Erfindung der »Sieben Schwaben«. In einer Tegernseer (!) Handschrift tauchen sie 1498 zum ersten Mal auf, die Deppen des Reiches. Sie jagen ein angeblich gefährliches Seeungeheuer, das sich am Schluss als ganz gewöhnlicher Hase entpuppt. Der Schwabe – so die Botschaft –, ein Trottel und Angsthase. Eine perfide weiß-blaue Erfindung.

Das 15. Jahrhundert kannte schon das Bild des »hässlichen Schwaben«. Was nutzt es da, dass Luther die Schwaben als »freundlich und gastfrei« lobte, der Steckbrief stand fest: dreist, hinterlistig, langsam von Begriff, derb, versoffen und von übermütiger Lebenslust.

In den Schwänken der Zeit ist der Schwabe häufig die komische Figur. So ist die Geschichte der Bauern von Willershausen überliefert, die, um sauber zu werden, jedes Jahr einen der ihren stellvertretend – »sparig«[40] wie sie waren – zum Baden schickten. Und die Buchhorner hielten sich im Dreißigjährigen Krieg für unbesiegbar, weil Buchhorn auf der einen Seite an einen See grenzte, auf der anderen aber Felder lagen, deren Betreten verboten war.

37 Schwäbisch für: »Warum heulst du?« / 38 Schwäbisch für: »Weil ich Schwabe bin.« / 39 Schwäbisch für: »Da kann ich dir auch nicht helfen!« / 40 Schwäbisch für: sparsam

»Der Schwab ein Schwätzer, der Böhm ein Ketzer«, schimpfte 1534 Sebastian Franck, ein berühmter protestantischer Prediger, über die Schwaben: »Das Saufen hat dieses Volk mit allen säuischen Teutschen gemein.« Ein Hinweis darauf, dass die Schwaben keine Kostverächter waren. Bei der Hochzeit von Herzog Ulrich, so berichten die Chronisten, soffen die Stuttgarter 15 000 Eimer Wein, die während des ganzen Festes aus den acht Röhren des Marktbrunnens flossen – ein Geschenk des Herrschers an seine Landsleute. Wenn es stimmen sollte, dass ein Eimer in jenen Zeiten so um die 300 Liter bedeutete, dann war das eine gewaltige Sause. Acht Tage lang soll das Stuttgarter Bacchanal gedauert haben.

Damals waren die Schwaben offensichtlich noch ein trinkfreudiger Haufen. Ein Mann, der nichts vertragen konnte, war eine Null am württembergischen Hofe. Kein weltliches Amt vertraute man einem Abstinenzler an. Räusche hielt man für gesundheitsfördernd. Schöne Zeiten damals!

Wie die Pietisten den Schwaben erfanden.

Die Württemberger

Wie konnte es aber passieren, dass die fröhlich-versoffenen Schwaben des Spätmittelalters später so sparsam, fromm und fleißig wurden?

Das »Wunder« bewirkten die Pietisten. Diese »Pietcongs« haben mit ihren strengen Moralvorstellungen die evangelische Kirche unterwandert und unter Druck gesetzt – obwohl sie nie mehr als sieben bis acht Prozent der Bevölkerung stellten. Und die Kirche wiederum hat mit ihrer rigiden puritanischen Erziehungsdiktatur die schwäbische Welt gründlich aufgemischt. Die Erde ein Jammertal, der Mensch ein Sündenpfuhl, der Wein ein Satanstrunk, Sex ein Werk des Teufels. »Schwäbische Taliban« sozusagen.

Die Pietisten haben aber keine Selbstmordkommandos auf ihre Gegner gehetzt wie die Taliban. Sie waren schlauer. Sie töteten nur mit Worten. Die Kampfarena waren die Kirchenkonvente, eine Art Sittengericht. Die wurden zur Umerziehung genutzt. Noch heute wittern diese puritanischen Frömmler hinter jedem Genuss die Sünde. Und wenn sie mal in Verlegenheit kommen, »ein Viertele Trollinger schlotzen zu müssen« – vor allem wenn sie selber Winzer sind –, verfallen sie nach dem Genuss sofort in tiefe Reue: »Wenn der Wein nicht ein Geschenk Gottes wäre, könnten wir ihn viel besser verachten.«

Am 16. Mai 1534, am Himmelfahrtstag, hatte in der Stuttgarter Stiftskirche das »Himmelfahrtskommando« begonnen. An diesem Tag wurde in Württemberg die Reformation eingeführt. Um 1600 tauchten die Pietisten zum ersten Mal auf – und schnell begannen

die religiösen Eiferer, den einst leichtlebigen Schwaben ihr Luderleben gründlich auszutreiben. Mit rigiden Methoden. Bis zur Unkenntlichkeit haben die Pietisten und die Pfarrer das Land verändert. Alles, was Spaß macht, wurde verboten: Kartenspielen, Völlerei, das Saufen, unnötiges Lustigsein und Fastnachtstreiben. Verbote und Bestimmungen regelten das Leben der Württemberger.

Es gab sogar Vorschriften für angemessene Geschenke – alles festgehalten in der 7. Landesverordnung aus dem Jahre 1621. Die Pietisten waren eine kleine Minderheit – aber eine radikale und einflussreiche. Die Kirchenkonvente entwickelten sich zu einem »Erziehungsinstrument« im Namen Gottes. 1642 wurden sie von Johann Valentin Andreae in allen Amtsstädten eingeführt, zwei Jahre später landesweit. Herzog Christoph hatte den pietistisch angehauchten Calwer Dekan zur Wiederherstellung von Zucht und Ordnung im Lande berufen. In Stuttgart hatte Andreae 1643 daran mitgewirkt, die Schulpflicht für Buben und Mädchen einzuführen. Auch ein Reformer also, einer der ersten schwäbischen Intellektuellen.

Andreae war auch der Autor des ersten deutschen »Staatsromans« mit dem Titel: »Beschreibung der Stadtrepublik Christiansburg«. Der Traum von einem christlich geprägten Staat. Selbstverständlich in Latein verfasst: »Rei Publicae Christianopolitanae Descriptio«.

Sein Hauptziel war es, die irdischen Sünder zu »verbessern«, um sie aufs Jenseits vorzubereiten. Notfalls halt mit »a bissle«[41] Gewalt. Das Land wurde mit einem Spitzelsystem überzogen, den sogenannten »Deferenten«. Schulmeister, Mesner, Gerichtsboten, Büttel, Dorfschmiede und Feldschützen wurden IMs – informelle Mitarbeiter der Kirchenpolizei, Spitzel eben. Die Denunzianten bekamen ein Drittel der angezeigten Geldstrafen, das sogenannte »Anbringdrittel«. Das Denunzieren hat sich also gelohnt. Überwacht wurden alle, jederzeit und überall. Ein waschechter Überwachungsstaat entstand.

Die Kirchenkonvente, die sonntags tagten, vollstreckten den Willen der frommen Vordenker, sie wurden zum zentralen Ort der Umerziehung. Wer »sei Sach«[42] nicht anständig zusammengehalten hatte, wer also ein »Schlamper«[43] war, dem wurde mit Enteignung gedroht. Oder mit Militärdienst. Die Kirchenkonvente impften den Schwaben die Ideale einer heiligen, reinen Gemeinde ein. Sie wollten die Besserung des Menschen, der Preis war die politische und kulturelle Entmündigung zugunsten eines allmächtig werdenden Staates.

Überwachen, spionieren und denunzieren galt als Tugend, war gesetzliche Pflicht und machte auch vor Familien nicht halt. Die Kirchenkonvente wollten alles über ihre Mitmenschen wissen, es gab

41 Schwäbisch für: ein wenig / 42 Schwäbisch für: seinen Haushalt /
43 Schwäbisch für: ein zur Nachlässigkeit neigender Mensch

Anzeigen wegen »bösem Maul« oder »verthuerischer Haushaltsführung«, und wer, wie zwei Schuster aus Löchgau im Kreis Ludwigsburg, ein »liederliches, üppiges, verthuerisches Leben« führte, »an Sonn- und Feiertag in die Wirtshäuser lief, um zu saufen und zu spielen«, wurde dafür in den Arrest gesteckt.

Die Prediger dieser neuen Moral verlangten eine strenge Lebensführung. Alles, was über das Praktische und Notwendige hinausging, galt als verwerflich: Man lebte in einer freudlosen, strengen Welt. Keine Ausschweifungen, keine Exzesse, keine Vergnügungen, kein Luxus, keine Festivitäten. Ein anstrengender Kampf gegen Weltlust und Weltgier. Schrecklich. Bei mancher Stuttgarter Hocketse hat man heute den Eindruck, die Schwaben müssten nachholen, was sie damals versäumt haben.

Statt christlicher Liebe beherrschte Misstrauen den Alltag, Überwachung und Kontrolle. Das calvinistische Genf hatte als Vorbild gedient. Aber anders als dort, wo die Kirchengemeinderäte von der Gemeinde gewählt wurden, ernannte in Württemberg die Kirchenspitze die Konvente. Sie wurden von oben bestimmt, dienten also nicht – wie im calvinistischen Genf – demokratischer Selbstbestimmung, sondern der obrigkeitlichen Disziplinierung. Der Anfang des württembergischen Sonderwegs.

Als weitere Rechtsgrundlage wurde 1781 das »General-Rescript« gegen die »Übelhäuser« eingeführt: Jeder, der Haus und Hof – aus der Sicht der Kirchenkonvente – vernachlässigte, wurde enteignet. Auch hier galt das berühmte »Anbringdrittel«. Diese perfide Seite der schwäbischen Umerziehung wird in den landläufigen Schwabenbüchern ausgespart – ist aber in der Württembergischen Kirchengeschichte von 1893 nachzulesen.

Das Motto der Theologen lautete: »Vertrauen ist gut, Kontrolle besser«. Eine Erkenntnis, die Jahrhunderte später andere zum System ausbauten: die Sowjets. Es ist aber erstaunlich: Was die Moskauer Kommunisten nie schafften, den Pietisten ist es gelungen – die Erfin-

dung eines neuen Menschen. Sie wollten ihre Landsleute als Vorbereitung auf das Jenseits »verbessern«. Ganz diesseitig haben sie dabei, mit rüden Methoden und in mühsamer Kleinarbeit, in nicht einmal 200 Jahren einen neuen Volkscharakter geschaffen: den Schwaben.

Während die Rheinländer, die Österreicher, die Bayern ganze Füllhörner an Trinkliedern haben, singen die Schwaben: »Jetzt gang i ans Brünnele, trink aber ned«. Zäh, genügsam und diszipliniert waren sie jetzt, die ehemals lebenslustigen Schwaben. Fleißig und fromm. Der

Preis war hoch. Das württembergische Volk wurde, wie es in der Calwer Kirchengeschichte heißt,»ein wesentlich patriarchalisch regiertes, polizeilich überwachtes und bevormundetes Volk«.

Aber nicht immer waren die Pietisten so bigott. Anfangs meinten sie es ehrlich. Jeder Gläubige sollte die Bibel selbst interpretieren dürfen. Ein Angriff auf das Pfarrer-Monopol. Es war eine richtige Volksbewegung. In der»Schdond«, den außerhalb der Kirche abgehaltenen Erbauungsexerzitien, wurde die Heilige Schrift ausgelegt. Auch von Laien. Basis-christlich, individuell und fromm.

So entwickelte sich eine spezifisch württembergische Frömmigkeit, die auch offizielle Kirchenvertreter ansteckte. Hofprediger Johann Reinhard Hedinger zum Beispiel. Der gehörte zum württembergischen Establishment, immerhin war er Beichtvater von Herzog Eberhard Ludwig. Überdies war er noch Herausgeber des Neuen Testaments und ein strenger, alttestamentarischer Tugendwächter. Eheleuten empfahl er»gottselige und erbauliche Unterredungen«. Am Sonntag sollte man auf alle»Kurzweil«verzichten. Auf»Spielen und Tanzen«. Selbst Spazierengehen und das Führen weltlicher Gespräche sollte man vermeiden. Oper und Schauspiel galten ihm als Teufelswerk. Gottesgelehrte, die solchen irdischen Tand gut hießen, nannte er verächtlich»Baals- und Bauchpfaffen«. Dieses Unverständnis für klassische Unterhaltung erklärt die spätere Kunstfeindlichkeit der württembergischen Kirche – aber auch der Politik. Als im 19. Jahrhundert die berühmte»Stiftung Boisserée«für die Stuttgarter Staatsgalerie gekauft werden sollte, entrüstete sich der Landtagsabgeordnete Mosthaf:»Mir brauchet koi Kunschd, mir brauchet Grombira!« Die Grombira wurden verspeist und die Sammlung wanderte in die Alte Pinakothek nach München.

Im 18. Jahrhundert fanden die»Stillen im Lande« die Prunk- und Verschwendungssucht Herzog Eberhard Ludwigs gotteslästerlich. Die verluderten Zustände bei Hofe machten sie wütend, betrachteten sie aber auch als Strafe des Himmels, als göttliche Prüfung.

Statt die skandalösen Zustände zu bekämpfen, flüchteten sich die frommen Protestanten aus der bedrückenden Despotie lieber in die Religion. Während der frivole Herzog laszive Exzesse feierte, gingen seine Untertanen in die innere Emigration. Ihr Glaube machte sie obrigkeitshörig und verbot ihnen, politischen Widerstand zu leisten. Eigentlich waren die Pietisten ja religiöse Rebellen. Aber halt schwäbische.

Sie predigten Pünktlichkeit, Ehrlichkeit und Fleiß. Bis zum Umfallen. Viele Schwaben sind deshalb, ohne es zu wissen, säkularisierte Pietisten. Sparsamkeit, Nüchternheit, Mildtätigkeit, Verinnerlichung und der Glaube an die Macht des Gebets – das zeichnete lange die »Schdondaleit«[44] aus. Später wurden sie jedoch hoffährtig und ihre Selbstgerechtigkeit bekam ein »Gschmäckle«[45]. Allzu sicher waren sie sich, ein Freibillett in den Himmel zu haben.

Friedrich Theodor Vischer hat diese Pharisäer schon früh durchschaut:

»Du sagst zu einem Pietisten: ›Es regnet, ich will einen Schirm nehmen.‹ Und er antwortet: ›Gut, aber der wahre Schirm ist Gott.‹ Du sagst: ›Ich trage gern einen Stock.‹ Und er versetzt: ›Gut, aber der Herr allein ist der wahre Stecken und Stab.‹«

Die Pietisten waren fasziniert vom Weltuntergang, rechneten ständig mit dem Ende, freuten sich verzückt auf das »Kommen des Herrn« und sein »Tausendjähriges Reich«. Eigentlich eine düstere Lebenswelt, von Angst bestimmt. Angst vor allem vor dem finalen Weltgericht, dem – nach ihrer festen Vorstellung – eine Entscheidungsschlacht zwischen Gut und Böse vorausgehen würde. Apokalypse war ihr düsteres Programm. Darunter machten sie es nicht. Deshalb gründeten ganz besonders fromme »Pietcongs« im Jahr 1819 die Korntaler Brüdergemeinde – das »schwäbische Jerusalem«. Viele Pietisten waren ausgewandert, weil ihre religiösen Forderungen nicht erfüllt wurden – zum Beispiel die Kriegsdienstverweige-

44 Schwäbisch für: Menschen, die regelmäßig die Gebetsstunde besuchen /
45 Schwäbisch für: Beigeschmack

rung oder die Weigerung der Kindstaufe. Die Korntaler blieben im Land, »emigrierten« aber aus dem sündigen Königreich sozusagen nach innen. Ihre Gemeinde sollte ein Zufluchtsort sein, für die Zeit, wenn Jesus wiederkäme, für das Tausendjährige Reich Gottes – die Endzeit.

Als gute Schwaben rechneten sie nach. Sie wollten schließlich genau wissen, wann es mit der Welt zu Ende gehen sollte. Auf den Tag genau. Dafür braucht man Theologie, Mathematik und Astronomie. Einer der Chefideologen des Pietismus, der Theologe Albrecht Bengel, studierte die düstere Offenbarung des Johannes so lange, bis er dieses Ende der Welt voraussagen konnte: Genau 7777 Jahre alt würde die Erde werden, dann sollte es mit einem Schlag zu Ende gehen. Endgültig und für immer. Am 18. Juni 1836.

Die Weissagung des Albrecht Bengel faszinierte den Pfarrer Philipp Matthäus Hahn. Er wurde der erste große schwäbische Feinmechaniker vor dem Herrn. Ohne technische Ausbildung, ohne Erfahrung. Er hatte ja »nur« Theologie gelernt. Und doch entwickelte er bastelnd eine beeindruckende Maschine – eine Weltmaschine. Sie zeigte den Lauf der Welt: ihre Erschaffung, die Wiederkehr Christi, die Herrschaft des Antichrist, das Weltgericht und das Weltende. Es war eine Uhr, die nicht nur Sekunden, Minuten, Wochentage, Monate und Jahre anzeigte, sondern auch den Stand der Planeten und den ganzen Lauf der Welt, bis zum Untergang. Ein Wunderwerk, das die Zeitgenossen gebührend bestaunten – Goethe eingeschlossen. Die Hahn'sche Weltmaschine begründete den Ruf der schwäbischen Tüftler. Aber Philipp Matthäus Hahn war kein Handwerker im heutigen Sinne. Ihm ging es nicht darum, Arbeitsplätze zu schaffen und Besitz zu mehren. Das waren angenehme Nebenprodukte. Mechanik war für ihn »das Mittel zum eigentlichen Zweck des Reiches Gottes«.

»Der Mensch ist zur Arbeit geschaffen!«, verkündeten auch andere schwäbische Theologen. Arbeit galt als großer Segen für die

Menschen. Regelmäßige Arbeit sollte die Gesundheit stärken, die Kräfte des Leibes und der Seele vermehren, die Gedanken und Begierden ordnen, heitere und frohe Menschen machen. Arbeit war das Mittel zur Erlösung! Müßiggang und Alkohol dagegen der direkte Weg in die Hölle. So tickten sie halt.

Ein Stundenbruder wird zur Hochzeit eines Freundes eingeladen und kann der Versuchung nicht widerstehen. Er macht sich beschwingt auf den Heimweg und da trifft er seinen Oberbruder, der immer die »Schdond« hält. Der merkt natürlich, dass der Stundenbruder einen in der Krone hat. In der nächsten Betstunde stellt er ihn deshalb zur Rede. Der Angegriffene fasst sich ein Herz und sagt:»Aber unser Herr Jesus isch doch au zu Hochzeita ganga!« Die Antwort:»Des hett'r besser au bleiba lassa!«

Die Moral von der Geschicht: Der Pietist als unerbittlicher Moralist, vor dem selbst Jesus nicht bestehen kann. Dieses ewige Moralisieren und das Fixiertsein auf das individuelle Seelenheil gehören zum leidigen Erbe der fleißigen Stundenbrüder.

Aber mit dem Arbeiten nahm man es nicht immer so genau. »Schaffa«[46] bedeutete nämlich nicht zwangsläufig hartes und intensives Arbeiten oder hohe Produktivität. Es ging nicht notwendigerweise um Ertragssteigerung. Arbeiten war Lebensinhalt, wurde zur »zweiten Natur«, war ein religiöser Wert an sich. Es war eine Lebenshaltung. Im Zweifelsfall hieß das auch: Umverteilung der harten und lebensnotwendigen Arbeit. Wenn diese nämlich auszugehen drohte, machte man sich ein neues »Gschäft«[47]. Dann »schäffelte«[48] man halt nur und »tat schaffig«[49].

Die Pietisten waren stille Heuchler, aber überraschenderweise auch Nonkonformisten. Die Korntaler Brüdergemeinde bedeutete eine ungeheure Provokation für die damalige Zeit. In der königlichen Urkunde hieß es deshalb:»Alles, was nur den Schein von Gemeinschaft der Güter hat, ist sorgfältig zu vermeiden.« Es gab für die

46 Schwäbisch für: arbeiten / 47 Schwäbisch für: Beschäftigung, Arbeit. Auch: Stuhlgang / 48 Schwäbisch für: vor sich hin arbeiten / 49 Schwäbisch für: so tun, als würde man arbeiten

»Brüder« anfangs kein Privateigentum an Grund und Boden und damit auch keine Bodenspekulation. Urchristlicher Sozialismus – auf Schwäbisch. Ein brisantes politisches Experiment. Ein »brüderliches« Leben ohne Besitzdenken. Getarnt als »Güterkaufgesellschaft«. Eigentlich eine Ungeheuerlichkeit für die konservativen Schwaben, bei denen, spätestens seit der Realteilung, nur jemand etwas galt, wenn er Grund und Boden besaß. Das Modell hat bis in die 1950er-Jahre des 20. Jahrhunderts leidlich funktioniert – und heute noch ist Korntal keine ganz gewöhnliche schwäbische Gemeinde.

Bis heute sind Pietisten stille und manchmal verquere Überzeugungstäter, heilsbegierig, also sehr mit dem eigenen Seelenheil beschäftigt – aber auch weltlich »interessiert«. Das hat einen ganz einfachen Grund: Gott hat, ihrer Überzeugung nach, schon lange und auf alle Ewigkeit entschieden, wer zu den Auserwählten gehört: Es sind die Sparsamen und die Erfolgreichen. Denen gibt er heimliche Zeichen. Deshalb zeigt man seinen Reichtum nicht und man protzt auch nicht damit. Der »Herr« wird es sich – für den »Ernstfall« – schon merken.

Ganz anders die Calvinisten. Für sie war Arbeit der Weg zu Reichtum und damit Bewährung vor Gott und der Vorsehung. So geschwollen redet der Schwabe nicht. Ihm geht die Arbeit nie aus, weil er ausbessert, flickt und überholt, weil er bastelt, bosselt und tüftelt. Und das ist bis heute so. Und wenn's halt gar keine richtige Arbeit gibt, dann wird Holz gespalten, der Gartenzaun gestrichen oder Unkraut gejätet. Schaffig zu sein und sich notfalls schaffig zu geben, sind Lebensinhalt und manchmal schwer zu trennen. Der Schwabe arbeitet, um der Arbeit willen – auch wenn es nicht rentabel ist.

Das sind die geistigen Wurzeln des schwäbischen »Schaffen-Sparen-Putzen-Komplexes«. Positiv ausgedrückt sind das die »schwäbischen Tugenden«, bis heute prägen sie die Region. Die pietistischen Wurzeln sind vielen Schwaben aber nicht mehr bewusst. Auf die

Frage, wie es gehe, heißt es heute noch häufig: »Dange – emmer gnuag Gschäft!«[50]

Der Pietist ist fromm und ein Schlaumeier bis in den Tod – wie ein Witz deutlich macht: Ein Pietist liegt auf dem Sterbebett, in letzter Minute will er zum Katholizismus übertreten. Entsetzt fragt man ihn: »Um Gottes Willen, warum denn das?« Die Antwort: »Besser 's stirbt oiner von dene als oiner von ons!«[51]

Heute wissen wir: Jesus und die Endzeit ließen 1836 lange auf sich warten. Die Welt wollte einfach nicht untergehen. Und so zeugte

50 Schwäbisch für: »Danke der Nachfrage. Immer genug Arbeit!« /
51 Schwäbisch für: »Besser es stirbt einer von denen als einer von uns!«

man, um sich die Zeit bis zum Weltuntergang zu vertreiben, jede Menge Nachwuchs – obwohl der fromme Pietist wohl nie mehr von seiner Frau gesehen hat als das Nachthemd. Man gab sich nicht den Wonnen der Lust hin, sondern genoss die Wonnen der Arbeit. Wollüstige Gedanken kommen dem Pietisten erst so richtig, wenn er an das Jenseits denkt.

Übrigens: Die Korntaler erregten zum letzten Mal ein bisschen öffentliche Aufmerksamkeit, als sie 1996 wieder mal das neue evangelische Gesangbuch ablehnten. Mit der Ablehnung von neuen Gesangbüchern hatten sie früher das württembergische Establishment geärgert, aber schon damals interessierte sich fast niemand mehr für diese subtile Art von Rebellion.

Sodele … Jetzetle.
Schwäbischer Sex

Die pietistische Verklemmtheit hat das schwäbische Sexualverhalten länger beeinflusst, als es für die Schwaben gut war. Schwäbischer Sex, das ist eine »contradictio in adjecto«, ein Widerspruch in sich selbst, ein gegenseitiger Hohn, als ob man sagte: »Gebildet durch Bild«. Das hat Thaddäus Troll einst noch in seinem Schwaben-Bestseller voller Sarkasmus geschrieben – und ist damit den pietistischen Eiferern auf den Leim gegangen. Es gibt ihn nämlich, den schwäbischen Sex, trotz solcher Behauptungen – und trotz der angeblichen Sündhaftigkeit. Für Pietisten ist Sex eine gefährliche Versuchung, denn: »Die Wolluschd ischd des gröschde Hindernis für die ewich Säligkeid.«[52]

Stuttgart, so hat eine ARD-Dokumentation enthüllt, ist zu einem regelrechten Zentrum der Wollust geworden. Viele Sex-Touristen fliegen heute nämlich nicht mehr ins ferne Thailand, sie kommen ausgerechnet in die schwäbische Landeshauptstadt. Stuttgart ist zum verheißenen Paradies geworden. Aber: Es ist nicht das pietistische im Jenseits, sondern ganz diesseitig, ganz konkret der »Club Paradise«. Angeblich der »größte Puff Europas«. So wie andere schwäbische Mittelständler Schrauben und Dübel für die Welt produzieren, hat ein cleverer Unternehmer die deutsche Sexwelt industriell aufgemischt – praktischerweise auf einem ehemaligen Industriegebiet in der Nähe des Flughafens. Ein Unternehmen mit Pressesprecher und angeblich sogar einer Frauenbeauftragten. Verharmlosend als FKK-Club getarnt. Das Business-Modell ist so einfach wie raffiniert: Beide sind nur Gäste im Club – Freier und »Gefreite«. Der Puffbesitzer tut so, als lebe er nur von der Vermietung. Das Geschäft boomt und der umtriebige Bordellier Jürgen Rudloff erweitert bereits sein

52 Schwäbisch für: »Die Wollust ist das größte Hindernis zur ewigen Seligkeit.«

Geschäft – mit dem Ziel eines Sex-Konzerns. Ein schaffiger Schwabe. Das liberalste Prostitutionsgesetz der Welt – noch von Rot-Grün 2001 verabschiedet – macht's möglich. Aber die Reporterinnen der ARD haben noch viel Sündigeres ausgegraben. Im Internet stöberten sie eine Stuttgarter Auktionsplattform auf, in der Mädchen ihre Jungfräulichkeit versteigern und Frauen und Männer sich selbst meistbietend verkaufen können. Der Geschäftsführer sagt zu diesem Cyber-Fleischmarkt ganz ungerührt:»Was in Deutschland erlaubt ist, lassen wir zu.« Das einst so biedere Stuttgart mit seiner 200 Jahre alten »Bibelanstalt« ist ein verruchtes Sündenbabel geworden. Wer hätte das gedacht.

Ein weiterer, aber verschämter Beweis für die Existenz von schwäbischem Sex ist auch das Stuttgarter »Dreifarbenhaus«. Direkt hinter dem Rathaus gelegen, ist es längst eine feste Institution wie die »Stuttgarter Stäffela« oder die »Hocketse« auf dem Stuttgarter Weinfest. Dort können testosterongeschwängerte Schwaben ihre »Notdurft« verrichten. So wie andere zum Daimler oder zum Bosch gehen, erledigen hier käufliche Damen täglich ihr »Gschäft«, sie schaffen anständig an und zahlen brav ihre Tagesmiete. Das Bordell war einst gegründet worden, um das anrüchige Gewerbe ohne Zuhälter in ordentliche Bahnen zu lenken. Eine verkannte Pioniertat.

Lange hat man über die Schwaben nur gelächelt, wenn es um Sex ging. »Sodele ... Jetzetle!« So kurz und knapp geht nämlich Orgasmus auf Schwäbisch. Zwei Worte für einen Vorgang, für den andere ganze Romane brauchen. Der Schwabe ist halt praktisch veranlagt und bringt das, was Sexualwissenschaftler den Gipfel der Ekstase nennen, recht nüchtern auf den Punkt. Quadratisch. Praktisch. Gut. Dafür wird er gelegentlich auch ausgelacht. Der Spartrieb der Schwaben sei stärker als ihr Sexualtrieb, hat schon Ex-Ministerpräsident Lothar Späth einmal sarkastisch bemerkt. Sparen und Sexlosigkeit gehören zu den ewigen Klischees vom Schwaben. Bei näherem Hinsehen entpuppen sich beide als falsch.

Denn der Schwabe konnte immer schon anders. Der beste Beweis ist Friedrich Schiller. Der Großdichter aus Marbach hatte nicht die typisch schwäbische Scheu vor dem »Geschlechtlichen«. Ganz unverklemmt genoss er Sex, wie sein Jugendfreund Johann Wilhelm Petersen in seinen Erinnerungen notierte. Im Deutschen Literaturarchiv in Marbach liegen sie in einer großen Schachtel – und werden von Schiller-Exegeten recht misstrauisch beäugt. Die pflegen lieber das Bild vom dichtenden Idealisten, dem heroischen Geistesmenschen, dem Mann ohne Unterleib. In Petersens Erinnerungen sind nämlich erstaunliche Dinge zu lesen: »Mehrere seiner Bekannten waren Augenzeugen, daß er, während eines Beischlafs, wobey er brauste und stampfte, nicht weniger als 25 Prisen, oder mit Campe zu reden, geistigen Taback in die Nase nahm.«

Petersen beschreibt den jungen Starpoeten als feinsinnigen Lüstling. Seiner Stuttgarter Wirtin kam er wohl nicht nur poetisch näher. Die acht Jahre ältere Hauptmannswitwe Luise Dorothea Vischer war Schillers erste Geliebte, behauptet Petersen. Als »Laura« hat er sie in seinen frühen Gedichten besungen. Da »regnen Wollustfunken aus den Augen«. Da blitzen »Lustsekunden« auf – von »seligen Augenblicken« und »ineinanderzuckenden Naturen« ist die Rede. Sex pur. In seinem Freundeskreis erzählt man von »Sprüngen mit Soldaten-

Der Herzog kümmerte sich liebevoll
um sein Volk

weibern, auch en compagnie«. Gang-Bang auf Schwäbisch. Frech und unbekümmert. Und das auch noch im lustfeindlichen Theokraten-staat.

Schiller ist das absolute Gegenmodell zum frommen und fleißi-gen Schwaben. Ein Lustguerillero im pietistisch vermiesten Würt-temberg. Er hielt nicht viel von der frömmelnden Leitkultur. Er war ein Frauenheld, ein Schürzenjäger, ein Schuldenmacher und ein Zocker beim Kartenspiel.»Sturm und Drang« eben.

Auch Herzog Karl Eugen[53](1728–1793) muss in den Augen der Pietisten ein wahres Sex-Monster gewesen sein. Ein Unmensch. Ihm traute man alles zu: Er stammte schließlich aus der katholischen Linie der Württemberger. Nicht nur Schiller hat er drangsaliert – der potente Herrscher verstreute seine Gene auch gerne unter den Töch-tern des Landes. 70 Söhne hat er offiziell anerkannt. Die beglückten Damen bekamen 50 Gulden, sonst nichts. Keine Sonderrechte, keine Ansprüche. Franziska, seine Lieblingsmätresse, hat er ihrem Ehe-mann einfach abgekauft. Für 6000 Gulden. Wie Bauern eine neue Milchkuh. Nur etwas teurer. Fortan hieß sie»Reichsgräfin Franziska von Hohenheim« und der gehörnte Ehemann bekam für die Schei-dung den Titel»Kammerherr«. Obendrein musste er allerdings das Land verlassen.

Der aufmüpfige Journalist Schubart[54] hat die Affäre aufgespießt und Franziska als»Donna Schmergelina« verhöhnt.»Schmergeln« heißt so viel wie nach ranzigem Schmalz riechen. Dafür bekam der Dichter zehn Jahre Knast auf dem Hohenasperg. Schubart selbst war auch kein Kostverächter. Der freche Journalist, ein schwäbischer Bohemien, betrog seine Frau ein ums andere Mal.

Und auch Herzog Eberhard Ludwig[55], ein Vorgänger Karl Eugens, hatte es schon ziemlich bunt getrieben. Auch er hatte Mätressen, wie damals üblich. Eine hatte es ihm aber besonders angetan: die »Grävenitz«. Seine Untertanen waren fest davon überzeugt, dass der

---

53 Karl Eugen (*11. Februar 1728 in Brüssel; † 24. Oktober 1793 in Hohenheim) war von 1737 bis 1793 der zwölfte Herzog von Württemberg. / 54 Christian Friedrich Daniel Schubart (*24. März 1739 in Obersontheim; † 10. Oktober 1791 in Stuttgart) war ein deutscher Dichter, Organist, Komponist und Journalist. / 55 Herzog Eberhard Ludwig (*18. September 1676 in Stuttgart; † 31. Oktober 1733 in Ludwigsburg) war von 1693 bis 1733 der zehnte Herzog von Württemberg.

Herzog abhängig war von dem »Saumensch«, wie die Württemberger die Grävenitz voll Verachtung nannten. Sie vermuteten, dass Zaubermittel im Spiel waren. Dass es das »Geschlechtliche« sein könnte, das glaubten sie zuallerletzt. Der Herzog war verheiratet. Das hätte die Sache nicht unbedingt komplizieren müssen. Die Mätresse aber wollte nicht nur den Monarchen, sie wollte auch noch die Ehe. Das machte die bizarre Beziehung schwierig.

Der Herzog fand einen gefälligen Tübinger Rechtsprofessor, der ihm bescheinigte, dass er in seiner Stellung durchaus eine Doppelehe eingehen könne. Weil die pietistischen Hofprediger aber Rückgrat zeigten und sich trotz des Rechtsgutachtens weigerten, der Ehe ihren Segen zu geben, schmiss er sie raus. Schließlich musste ein Theologiestudent herhalten, der das verrückte Paar kirchlich traute. Eberhard Ludwig lebte jetzt in einer Doppelehe, einer »Ehe zur Linken«, wie man damals sagte. Ein Sakrileg. Kirche und Volk empörten sich. Der Herzog führe ein »saumäßiges« Lotterleben – schließlich war er auch Haupt der evangelischen Kirche. Aber Eberhard Ludwig ließ nicht von der »Landesverderberin«. Stattdessen verheiratete der liebestolle Herrscher die Angebetete zum Schein mit einem verschuldeten Grafen, der zu diesem Zwecke zum Landhofmeister ernannt wurde. Schließlich wurde die machtgierige Frau Landhofmeister sogar Regierungschefin – und beherrschte jetzt nicht nur den Herzog, sondern das ganze Land. Doch dann kam es wie es immer kommt: Der Herzog wurde ihrer überdrüssig – und ließ sie ausweisen. Das Ende einer frivolen und koketten Geschichte, einer Story, die trashiger war als viele moderne TV-Soaps. Jahre später setzte der erste württembergische König, Friedrich I.[56], noch eins drauf: Er ließ seinem Geliebten, dem Reichsgrafen Karl von Zeppelin, »in Liebe« sogar ein Mausoleum auf dem Ludwigsburger Friedhof bauen. Erstaunlich: schwäbisch und schwul. Damals schon. »Lompaburg« heißt die sündige Residenzstadt Ludwigsburg im Volksmund. Ein Sündenbabel.

56 Friedrich I. Wilhelm Karl von Württemberg (*6. November 1754 in Treptow an der Rega in Hinterpommern; † 30. Oktober 1816 in Stuttgart) war ab 1797 als Friedrich II. Herzog und von 1806 bis 1816 als Friedrich I. der erste König von Württemberg.

Ludwigsburg war für die Pietisten eine arge Heimsuchung des »Herrn«, eine harte Glaubensprüfung. Die Frömmler rebellierten aber nicht, sie trösteten sich vielmehr mit dem Jenseits. Für ihr frevelhaftes Tun würde der Herr die Sünder schon strafen – dachten sie. Sie waren überzeugt: Eines Tages droht denen die Hölle, während sie, die wahrhaft Gläubigen, noch das ganze Leben vor sich haben würden. Im Jenseits eben. Die kreuzbraven Untertanen ließen sich von den Schreckensvisionen ihrer Prediger einschüchtern. Lust war allenfalls etwas für den Adel, die Untertanen hatten dafür sowieso keine Zeit. Sie kämpften im ärmlichen Württemberg ums tägliche Überleben. Das »Geschlechtliche«, etwas Unheimliches, ist für die Pietisten auch heute noch notwendiges Übel, nur um die Fortpflanzung zu garantieren. Sex als Spaß, das ist die Überzeugung der Frommen im Lande, ist nur etwas für Hallodris, unstete Dichter und Journalisten – oder für die »Herrschaft«. Auf jeden Fall ist es Sünde. Anständige Leute haben dafür keine Zeit.

Diese grobe Einteilung galt lange: Die Herren verjubelten das Geld, das die Untertanen nicht hatten. Die Herzöge waren Verschwender und Schuldenmacher. Unmengen von Geld wurden für höfische Festivitäten verprasst. Den Untertanen ließ man Sparsamkeit und Fleiß von der Kanzel predigen. Leben hieß im ärmlichen Ländle »schaffa«. Arbeiten war Gottesdienst, eine sehr subtile Ersatzerotik. Das höchste Kompliment für eine Schwäbin lautet denn auch heute

noch: »Dui ischd a Schaffere!«[57] Nichtstun ist aller Laster Anfang. Dieses »Verbrechen« haben zwei Schwätzbasen in meiner Jugend in Neckarrems auf den Punkt gebracht: »Hosch du des gseha!«, klagte die eine der anderen: »Dui faul Sau liegt auf'm Sofa und liest Romane!« Nicht arbeiten und auch noch lesen – der Gipfel der Verkommenheit.

Prüderie und Angst vor dem »Geschlechtlichen« haben lange das Thema Sex beherrscht – trotz aller Potenzbelege. Man redete nicht darüber. Die Welt der Erotik blieb den Schwaben lange verschlossen. Ein Satz wie »Ich liebe dich!« kommt einem Schwaben auch heute nur schwer über die Lippen. Das gilt manchem noch immer als überspannt und verlogen. Die höchste sprachliche Verrenkung, zu der er im Zustand der Erregung fähig ist, lautet: »I mog di!« Oder: »I mog di arg!« Die Liebe schrumpft auf Schwäbisch deshalb konsequent zur »Mögetse« – ein Liebesverhältnis, laut schwäbischem Wörterbuch.

Distanzierend und fast verächtlich auch die Bezeichnung für das allermännlichste Organ: »d'r Denger«. Als sei der ein fremder Gegenstand, für den »Mann« sich entschuldigen und genieren müsste. Altphilologisch gebildete Schwaben sprechen dagegen fast ehrfurchtsvoll vom »Zebedäus«. Das klingt irgendwie geheimnisvoll, ist hebräisch und heißt: »Geschenk Gottes«. Es geht halt nichts über eine theologische Bildung.

Strenge Sachlichkeit gilt auch für die weibliche Erotik. Wenn »a nette Denge«[58] oder »a netts Deng« dem Erotischen nicht abgeneigt ist, spricht der Schwabe schelmisch von einem »Saumenschle«. Nur durch das Anhängen des Diminutivs wird aus einem rabiaten Saumensch eine erotisch begehrenswerte Frau. Sehr praktisch. Und wenn ein solches »Saumenschle« im Eifer des Gefechts schreit: »Du wiaschder Denger!«[59], dann ist das keineswegs als Ablehnung zu verstehen. Ein »Denger« ist in diesem Fall allerdings nicht nur der gewisse Teil des Schwaben, sondern der erotisch aufgeladene ganze Schwabe.

---

57 Schwäbisch für: »Die ist fleißig!« / 58 Schwäbisch für: eine nette Frau / 59 Schwäbisch für: »Du Wüstling!«

Da hört sich »neischneckla«[60] schon sehr viel gefühlvoller an, fast zärtlich. Ganz unromantisch wiederum klingt ein weiteres Verb, das für sexuelle Aktivitäten steht: »Noddla« heißt, ins Hochdeutsche übersetzt, schütteln. Wird er »vernoddlt«, befindet sich der Schwabe im Zustand größter Leidenschaft – zu der bekanntermaßen auch Nudla, in Form von Spätzle, gehören – mit das Beste, was die schwäbische Küche zu bieten hat. Deshalb ist es nur nahe liegend, dass das Verb »nudla« eine äußerst positive Tätigkeit beschreibt, die man mit »sich herzen« übersetzen kann – und mehr. Ist er nämlich »durchgnudeld«, ist der Schwabe erotisch zufriedengestellt. Mit etwas rabiaten Ausdrücken versucht der Schwabe also, verstörende hormonelle Heimsuchungen zu bändigen.

Der Schwabe ist praktisch veranlagt und stets bemüht, den der Vernunft sich widersetzenden Eros zu rationalisieren. Aber unter der Oberfläche rumort es. »Woisch – en d'r Erotik send mir Schwoba de reinschte Deifel!«, lässt Thaddäus Troll einen Schwaben angeben, der eine Raig'schmeckte[61] geheiratet hat. Vergeblich musste sie auf den Vollzug der Ehe warten und wurde von ihrem erregten Gatten stattdessen in den Finger gebissen. Sadismus auf Schwäbisch. So gesehen ist es nicht verwunderlich, dass es im Großraum Stuttgart statistisch gesehen die höchste Dichte an Sado-Maso-Clubs in ganz Deutschland gibt. Wenn schon Sex, dann muss er im Land der Pietisten wenigstens richtig wehtun. Eine eigenwillige Mischung: Pietistische Prüderie und ein Hauch von Schillers geilen »Wollustfunken«.

Der Schwabe ist eben voller Abgründe, aber eben auch praktisch veranlagt – wie ein schwäbischer Witz verrät, der Renner auf schwäbischen Internetseiten:

Ein Paar aus Stuttgart kommt zum Therapeuten. Der fragt: »Was kann ich für Sie tun?« – Der Mann druckst lange herum. »Könntet Sia ons vielleicht beim Sex zugucka?«
Der Therapeut ist erstaunt, stimmt aber zu. Als das Paar schließlich

---

60 Schwäbisch für: anschmiegen / 61 Schwäbisch für: Menschen, die nicht seit mindestens drei Generationen in Württemberg leben

fertig ist, sagt er, noch immer verwundert: »Es tut mir leid, aber ich finde nichts Außergewöhnliches an Ihrem Sexualverhalten.« Und kassiert 80 Euro für die Sitzung.

Das gleiche Schauspiel wiederholt sich in den folgenden Wochen – das Paar »kommt« immer wieder, bezahlt 80 Euro und verschwindet. Irgendwann wird es dem Therapeuten zu bunt und er fragt: »Entschuldigen Sie – aber was genau versuchen Sie herauszufinden?«

Sagt der Mann: »Nix! Aber sie isch verheiratet. Zu ihr könnet mr

ned. I ben au verheiratet. Zu mir könnet mr au ned! Des Holiday Inn
verlangt 150 Euro für a Zimmer, des Steigenberger sogar 280 Euro.
Wenn mr aber zu Ihne kommet, dann henn mir
    1. a guats Alibi
    2. 's koscht ons bloß 80 Euro und
    3. d'Krankakass erstattet dovo 67,50 Euro.«

Thaddäus Troll, der noch in »Deutschland deine Schwaben«
schwäbischen Sex für einen Widerspruch in sich selbst und für eine
»arg optimistische Formulierung« hielt, hat ihn dann überraschenderweise im Alter doch noch entdeckt. Er schrieb ein ungewöhnliches
Aufklärungsbuch: »Wo kommet denn dia kloine Kender her?« Das
war eigentlich gar nicht für Kinder gedacht, sondern für seine »sche-
nierlichen«[62] Landsleute. Er ist damit kein schwäbischer Oswalt Kolle
geworden, aber er hat sich wohl selber von seinen schwäbischen
Verklemmungen frei geschrieben. Seine schelmische Antwort lautet
übrigens: »Kloine Leit werdet von große Leit gmacht!«
    Der Dialekt eignet sich für dieses heikle Thema offensichtlich
ganz hervorragend. Es wird nie schlüpfrig. Orgasmus auf Schwäbisch,
nach Thaddäus Troll: »Des isch, wia wenn de kratzscht, wenns de
beißt – aber's isch scho arg viel scheener.« Was unweigerlich zu
der Frage führt: »Wenn des so schee ischd, worom heeret dia Leit no
ieberhaupt drmit uff?« Und die Antwort des Poeten: »'S macht halt
heidamäßig miad. Meh wia Kicka oder Saua oder Soilhopfa oder uff
d'Baim klettera. So arg schee's isch, du kasch's eba ned da ganza Tag
lang doa.«
    Abgründe tun sich heute auch an einem Ort auf, wo es niemand
vermuten würde: in der Württembergischen Landesbibliothek in
Stuttgart. Dort ist man stolz auf eine der größten Bibelsammlungen
Europas – für die ausgerechnet der sexgierige Herzog Karl Eugen den
Grundstock gelegt hat. Aber: Die Bibliothek beherbergt auch eine
der größten Sammlungen an pornografischer Literatur in Deutsch-

---

62 Schwäbisch für: schüchternen

land! Der Grund: In Baden-Württemberg gibt es viele Porno-Verlage – und die Landesbibliothek ist verpflichtet alles, was an »Literarischem« im Lande produziert wird, zu archivieren. Verwegene Hard-Core-Pornos und biblische Heilsgeschichte fristen deshalb in den Katakomben der Bibliothek eine friedliche Koexistenz. Wüster Sex und himmlische Verlockungen sind nur durch Archivregale getrennt – und durch die Registriernummern des Bibliothekars.

Apropos Pornografie. Die gab's auf der Schwäbischen Alb schon vor 35 000 Jahren. Dort fanden Urgeschichtsforscher eine Frauen-

figur, die nach heutigen Kriterien an Pornografie grenzt, wie selbst ein Archäologe sagte. Die üppige, etwas ordinäre »Schwäbische Venus« gilt als die erste menschliche Darstellung überhaupt. 33 Gramm schwer und sechs Zentimeter hoch. Ein Stück geschnitztes Elfenbein voll explosiver Erotik. Auch die Steinzeitmenschen dachten damals offensichtlich oft nur an das »Eine«. Und weil es damals noch keine Sexmagazine gab, hatten die Steinzeitmänner – so vermutet man – solche geschnitzten »Erotika« dabei. Um sich zu stimulieren. Irgendwie ist dieser Fund beruhigend, lässt diese schwäbische Venus doch den Schluss zu, dass die Periode der pietistischen Prüderie vielleicht doch nur ein leidiges Zwischenspiel war in der Geschichte des schwäbischen Sex.

Vom Weltuntergang zum Weltmarkt

Die Pietisten hatten ideale Voraussetzungen geschaffen für die beginnende Industrialisierung und die Arbeit in der Fabrik. Aber die spektakulären Fabriken entstanden zunächst im Rheinland, im Ruhrgebiet, in Sachsen, Schlesien oder Berlin, nicht in Württemberg. Später als anderswo in Deutschland begann im Schwäbischen die Industrialisierung und auch zögerlicher. Noch 1892 lebten rund 60 Prozent der Schwaben von der Landwirtschaft. Und weil hier bäuerliches Denken dominierte, konnte der Kapitalismus sich nur langsam ausbreiten. Die Schwaben trauten der Sache anfangs nicht, ihre Leitkultur blieb bäuerlich. Sie zauderten und zögerten, Argwohn und Individualismus taten ein Übriges.

Daimler ist das beste Beispiel für den späten Erfolg schwäbischer Unternehmen. Gottlieb Daimler war zeitlebens ein neugieriger Mann, weit herumgekommen und rastlos. Aber er hatte ein Problem – ausgerechnet mit seinem Namen. Als »Däumler« war er am 17. März 1834 in Schorndorf geboren worden, aber dem ehrgeizigen Ingenieur gefiel der Name nicht. Er fand ihn wohl abwertend, weshalb er ihn ein bisschen korrigierte: Als »Daimler« starb er am 6. März 1900 in Cannstatt.

Nach einem Maschinenbaustudium an der Polytechnischen Schule in Stuttgart und verschiedenen Studienreisen ins Ausland begann er 1862 als Konstrukteur in der Metallwarenfabrik Straub in Geislingen an der Steige. Später entwickelte er, gemeinsam mit Wilhelm Maybach, in der Gasmotorenfabrik Deutz den Ottomotor zur Serienreife – und verließ, nach einem Streit mit Otto, 1882 die Firma, um in Cannstatt eine Versuchswerkstatt zur Entwicklung von schnell laufenden Verbrennungsmotoren zu gründen. Ein unruhiger Geist.

Die weitere Geschichte ist längst Autohistorie: Der Viertaktmotor wurde von ihm gebaut, das erste Motorrad mit Benzinmotor, das erste Motorboot. Schließlich, im Oktober 1886, montierte Daimler seinen Motor in eine Kutsche – und gilt seitdem als Erfinder des Automobils. Zusammen mit dem in Mühlburg bei Karlsruhe geborenen Carl Benz. Der hatte sein Patent allerdings vor Daimler angemeldet – weshalb die Badener ihn als den eigentlichen Autoerfinder feiern.

Daimler war ehrgeizig. Er wollte nach oben, gründete im Jahr 1887 zu diesem Zweck eine Fabrik in Cannstatt, die aber bereits drei Jahre später in schwere Turbulenzen geriet. Die klapprigen Benzinkisten verkauften sich schlecht. Zur Sanierung des Betriebs gründete er eine weitere Firma, die Daimler-Motoren-Gesellschaft, an der neben ihm und Wilhelm Maybach die Industriellen Max Duttenhofer und Wilhelm Lorenz beteiligt waren. Und nur drei weitere Jahre vergingen, bis Daimler auch seine eigene Firma verließ – dieses Mal nach Streitigkeiten mit Lorenz. Kurzum: Die Zeiten waren schwierig und der geniale Konstrukteur wohl nicht minder.

Als er starb, hinterließ er seiner Familie immerhin ein Viertel der Daimler-Aktien. Dummerweise soll er aber französische Lizenzgebühren unterschlagen haben – im Eifer des Gefechts vergessen. Duttenhofer drohte mit einem Skandal, die Intrige funktionierte und die Familie Gottlieb Daimlers verzichtete auf alle Führungsansprüche. Nach einer Kapitalerhöhung endeten die Daimlers schließlich als Kleinaktionäre, ohne Einfluss auf die Geschäfte. Ihr Name indes wurde zum Mythos.

Der Aufstieg zur Weltmarke begann erst in den 20er-Jahren des 20. Jahrhunderts. Autos waren auch damals nur schwer zu verkaufen. Die Deutsche Bank zwang deshalb die badische Firma Benz & Cie und die schwäbische Daimler-Motoren-Gesellschaft zusammen – mit Sitz in Berlin. Die erste erfolgreiche baden-württembergische Zwangsehe!

Inzwischen ist »der Daimler« wieder eine schwäbische Firma. Und das hat ausgerechnet ein Badener über den Umweg eines US-amerikanisch-japanisch-deutschen Weltkonzerns bewerkstelligt. Der großspurige Jürgen Schrempp wollte mit Chrysler eine »Hochzeit im Himmel« feiern, daraus wurde für Daimler eher ein »Höllenritt«. Die einzige Fusion, die Schrempp gelang, war die Hochzeit mit seiner Bürovorsteherin. Ansonsten ebnete er den Weg hin zu Schwindel erregenden Managergehältern und glänzte als bis dahin größter Kapitalvernichter der deutschen Wirtschaftsgeschichte. Womit ein altes württembergisches Vorurteil bestätigt wäre: »D'r Badener isch a Luftikus.«[63]

Auch aus anderen schwäbischen Betrieben wurden Weltmarken: Hohner, Junghans, Kienzle, Leitz, Steiff und natürlich Bosch. Porsche dagegen ist in der Öffentlichkeit nie so richtig als schwäbisches Unternehmen angenommen worden. Die Porsches sind schließlich »Raig'schmeckte«.

Und doch gehörten Christusverehrung und Geschäftssinn für die Schwaben zusammen. Wer sich der »industriösen« Offerte öffnete und arbeitete, so hatte es schon Philipp Matthäus Hahn gesagt, den würde Gott auszeichnen und zu einem mit Wohlstand gesegneten und ausgezeichneten Menschen werden lassen. Der pietistische Wanderprediger Gustav Werner setzte noch einen drauf: In Privathäusern und Scheunen verkündete er seine Botschaft. Er wollte die Industrie mit christlichen Grundsätzen unterwandern. Die Fabrik wollte er in einen »Tempel Gottes« verwandeln und die Arbeit dem Dienst am Reiche Gottes unterordnen. Weit ist er damit nicht gekommen.

Die religiösen Frömmler ließen neben dem Geld weiterhin nur den Himmel gelten. Und in den kam man nur, wenn man es schaffte, den »breiten« Weg zu verlassen und den entbehrungsreichen »schmalen Weg« der Auserwählten hinter sich zu bringen. Die religiösen Erbauungsbilder vom »schmalen und breiten Weg« hingen

---

63 Schwäbisch für: »Der Badener neigt zum Leichtsinn.«

damals in vielen schwäbischen Wohnungen. »Von allen Dingen lass ab, die nicht mitgehen bis ins Grab.« Über Kirche und Sonntagsschule führt dieser schmale Weg zu »Leben und Seligkeit« in den Himmel. Der breite Weg mit seinen Verlockungen wie Wirtshaus, Theater, Kunst und anderem »Teufelszeug« endet für die sündigen Gläubigen geradewegs in der Hölle. Dieses Schreckensszenario hat lange funktioniert.

Heute empfindet die junge Schwabengeneration das eher als Realsatire, wie auch die Lobeshymne auf das »Schaffen«, die aus der Feder des Provinzpoeten Ludwig Finckh stammt:

So ist es uns von Gott gegeben, Frau und Mann.
Unsereiner kann nur leben, wenn er schaffen kann.
Auf Erden seine Kraft erproben,
ausruhen dann im Himmel droben.

Immer mehr Schwaben ruhen sich lieber auf der Erde aus und misstrauen dieser verschrobenen Lebensphilosophie. Das Jenseits kann warten. Schon der schwäbische Dichter Sebastian Blau warnte – selbstverständlich in Gedichtform – vor den bigotten Pietisten:

Schwarz dr Huat ond schwarz des Fräckle.
Onds Gehabe gesalbet fromm.
Ond a gottergeabes Gschmäckle
om da ganze Ranza rom.
Glaubsch mers, dass vor sotte Denger
's Kreuz sogar dr Deifel schlecht
ond ob deane Schdondagänger
schier katholisch werda möcht?[64]

Die erfolgreichen schwäbischen Unternehmer waren meist auch Pietisten, allerdings pragmatische. Robert Bosch zum Beispiel, Vater der Zündkerze, führte schon 1906 den Achtstundentag ein. Damals eine sozialpolitische Sensation. Er zahle hohe Löhne nicht, weil er so

64 Schwäbisch für: »Schwarz der Hut und schwarz der Anzug. Und das Benehmen fromm gesalbt. Und einen Anflug von Gottergebenheit um den ganzen Bauch herum. Glaubst du mir, dass vor solchen Wesen sogar der Teufel das Kreuz schlägt und wegen dieser Betstundengänger fast katholisch werden möchte?«

reich sei, sagte er einmal. Er sei vielmehr so reich, weil er hohe Löhne zahle. »Immer habe ich nach dem Grundsatz gehandelt: lieber Geld verlieren als Vertrauen. Der Glaube an den Wert meiner Ware und an mein Wort standen mir stets höher als ein vorübergehender Gewinn.« Das klingt in der globalisierten Wirtschaft fast schon exotisch. Unternehmer schwafeln heute gerne von »Werten«, Bosch hatte sie noch.

Zu den Unternehmern mit sozialem Anspruch gehörte auch Breuninger in Stuttgart. Auch der Gründer des Großkaufhauses, Eduard

Breuninger, war ein strenger Pietist und ein erfolgreicher Geschäftsmann.

Aber die neuen »Geschäftlesmacher« fantasierten längst nicht mehr über »das Kommen des Herrn«, sie waren praktischer veranlagt. Sie wollten Waren verkaufen – Waagen, Uhren und Musikinstrumente. Später als anderswo in Deutschland begann in Württemberg die Industrialisierung und auch zögerlicher. Aber dann traten an die Stelle der Pfarrer die »Fabricanten«, anstelle der Kirchenordnung regelte die »Fabricordnung« das Leben. Der Weltuntergang wurde abgesagt.

Arm, aber nicht sexy

Der sprichwörtliche Geiz der Schwaben hat übrigens mehr mit der bedrückenden Armut zu tun als mit dem Pietismus. Württemberg war noch im 19. Jahrhundert einer der ärmsten Landstriche in Deutschland. Schmalhans war Küchenmeister. Als sich später die wirtschaftlichen Verhältnisse besserten, lebte man einfach so weiter, als ob es einem noch immer schlecht ginge. Man traute dem neuen Wohlstand nicht und wollte ihn sich auch nicht selbst eingestehen. Vor allem zeigte man ihn nicht. Man musste ja fürchten, dass man dann vielleicht um etwas gebeten werden könnte. Und was man hergibt, hat man nicht mehr. Auch zu dieser schwäbischen Eigenheit gibt es selbstverständlich einen Witz:

Ein Norddeutscher kommt eines Abends in einen schwäbischen Gasthof. Freundlich begrüßt er den einzigen am Stammtisch sitzenden Gast. Der hockt stoisch und stumm vor seinem Vierteles- glas und schaut nicht einmal auf, als der Fremde ihn begrüßt und sich setzt. »Sagen Sie«, fragt der Norddeutsche seinen schwäbi- schen Tischnachbarn mit einem Blick auf die Speisekarte, »ich bin zum ersten Mal hier in Württemberg. Was können Sie mir denn empfehlen?« Der Schwabe schweigt und guckt vor sich hin. Verdutzt schaut der Fremde wieder in die Karte, dann bestellt er beim Wirt: »Bitte einmal Linsen mit Spätzle.« Und unternimmt einen erneuten Versuch, mit dem Schwaben am Tisch ins Gespräch zu kommen. »Sagen Sie, ich bin wie gesagt zum ersten Mal hier. Was können Sie mir denn empfehlen, wohin soll ich morgen fahren?« Stumm und beharrlich starrt der Schwabe weiterhin in sein Henkel- glas, als die Tür aufgeht und ein junger Mann mit einer Spenden- dose des »Roten Kreuz« hereinkommt. Er bittet um eine Spende.

*Der Norddeutsche zückt seine Geldbörse und steckt einen
Fünf-Euro-Schein in die Büchse.
Dann ist der Schwabe dran. Der guckt verschämt zur Seite und sagt:
»Mir g'höret z'samma!«*

Für Nichtschwaben: »Zusammengehören« bedeutet in diesem
Fall »Mein Bekannter hat bereits für mich mitbezahlt.« So einer ist
»b'häb«. »B'häb« heißt eigentlich dicht, knapp oder genau. Im über-
tragenen Sinne: geizig.

Durch Armut in Jahrhunderten gelernter Geiz. Daraus ist die bekannte »schwäbische Lebensart« geworden, die man am besten mit »eingebildeter Armut« beschreiben kann. Manche leiden noch heute darunter. Man lässt nichts verkommen. Und bevor man etwas Neues kauft, beruhigt man sich lieber mit einem weiteren schwäbischen Kernsatz:»Des duats scho no a Weile!«

Meine Tante Mathilde aus Neckgröningen war so eine lebende Spardose. Statt in acht, teilte sie einen Kuchen in sechzehn »Schdückle«. Und wenn man zwei verdrückt hatte und nach einem dritten verlangte, hieß es vorwurfsvoll:»Aber du hasch doch scho zwai Schdückla gessa!«[65] So produzierte man im Schwäbischen schlechtes Gewissen – und damit Sparsamkeit. Als Geburtstagsgeschenk überraschte sie meine Mutter manchmal mit 20 hübsch eingepackten Salzstangen. Mit dem Ersparten hat sie später den Hahn auf der Neckarremser Dorfkirche vergolden lassen. Man weiß ja nie …

Gelegentlich wurden diese Sparmacken mit Witz bewältigt, mit schwäbischem Witz:»Des isch äbbes Args, was i Wurscht fresse muss, bis meine fenf Kender von der Haut satt werdet.«[66]

Alles Belege für den grassierenden Geiz, der früher unter Schwaben gang und gäbe war. Dazu passen die bekannten Geschichten vom»b'häben« Schwaben, der beim Lesen im Bett jedes Mal vor dem Umblättern die Nachttischlampe löscht – um Strom zu sparen.

Oder die Scherzfrage:»Was hat das zu bedeuten: Ein Mann mit einer brennenden Kerze vor dem Spiegel?« Antwort:»Ein Schwabe, der den zweiten Advent feiert.«

Und der absolute Klassiker: Eine schwäbische Bergsteigergruppe stürzt in eine Gletscherspalte und kann sich nicht befreien. Nach einiger Zeit naht Hilfe.»Hier ist die bayerische Bergwacht!« Antwort aus der Gletscherspalte:»Mir gäbbet nix!«[67]

Angeblich der Lieblingswitz von Ex-Ministerpräsident Teufel. Ein böser Witz, aber mit Bart. So einen Geizkragen nennt man auf Schwä-

---

65 Schwäbisch für:»Aber du hast doch schon zwei gegessen!« / 66 Schwäbisch für: »Schon schlimm, was ich an Wurst essen muss, bis meine fünf Kinder von der Haut satt werden!« / 67 Schwäbisch für:»Wir geben nichts!«

bisch einen »Entaklemmer«. Eine wunderbare Wortkreation. Der »Entaklemmer« ist einer, der seine Enten in den Hintern kneift, bevor er sie aus dem Stall lässt. Die mit einem Ei im Bauch müssen im Stall bleiben, damit das Ei nicht verloren geht. Thaddäus Troll hat den »Geizigen« von Jean-Baptiste Molière treffend ins Schwäbische übersetzt: »Der Entaklemmer«.

Dem »Entaklemmer« verwandt ist der »Furzklemmer«, der einen verhebt, bis zwei daraus werden. Und geistig ganz in der Nähe steht der »Glufamichel«, der auch noch um eine Stecknadel Umstände macht. Armut hat solche Witze und knitzen Überlebensstrategien hervorgebracht.

»Loss du mi maine Küachle en deim Schmalz bacha,
no derfsch du derfir dai Flaisch en maim Kraut kocha.«[68]

Diese Beispiele ließen sich beliebig fortsetzen. Sie stammen ausschließlich aus schwäbischen Büchern. Und die Armut war wohl auch dafür verantwortlich, dass sich die Erfolge der schwäbischen Sparwut lange in überschaubaren Grenzen hielten: Schon 1913 verzeichnete Württemberg zwar die meisten »Sparcassen« im Reich, die Badener und die Sachsen aber sparten wesentlich mehr. Der Badener hatte damals 452 Reichsmark pro Einwohner auf dem Konto, der Schwabe nur 266.

Und so pendelt das schwäbische Selbstbewusstsein seit Jahrhunderten zwischen Großspurigkeit und dem niederschmetternden Gefühl, die Deppen Deutschlands zu sein. Trotz unbestreitbar überragender Leistungen haben es die Schwaben nicht geschafft, diese Mischung aus großkotzigem Auftreten und tumber Selbstverachtung abzuschütteln. Zur ersten Kategorie gehört »Hommeleskopf«[69] Uli Hoeneß, der Manager von Bayern München (»die Konkurrenz wird uns nur mit dem Fernrohr sehen«). Er ist ein schwäbischer Metzgersohn aus Ulm, der Bayern München groß gemacht hat – und der selbst zum Vorzeigebayern avancierte. Ein Schwabe, der in der Frem-

---

68 Schwäbisch für: »Lass du mich meine Kuchen in deinem Schmalz backen, dann lass ich dich im Gegenzug dein Fleisch in meinem Kraut kochen.« /
69 Schwäbisch für: Dickkopf

Der Entaklemmer

de seine schwäbischen Tugenden verlernt hat – und seinen Ruf mit Zockerei und Steuerhinterziehung ruinierte.

An Hoeneß kann man sehen: Nicht alle Schwaben sind so bescheiden, wie sie gerne tun. Häme und Hybris sind manchmal nahe beieinander. Und aus diesem Gebräu entstehen dann die »arrogantesten« Verse der Literaturgeschichte, wie ein Kritiker schrieb:

> *Der Schiller und der Hegel,*
> *der Uhland und der Hauff,*
> *das ist bei uns die Regel,*
> *das fällt bei uns nicht auf!*

Das Jubelgedicht stammt aus der Feder von Eduard Paulus und war wohl auch ironisch gemeint. Aber ganz sicher ist das nicht. In Stunden der Anfechtung, wenn sein Schwabentum angegriffen wird, läuft dem schwäbischen Narziss schon mal der Goldmund über und »preisend mit viel schönen Reden« (Justinus Kerner) singt er dann das Hohelied von der schwäbischen Größe.

Sogar ein so selbstkritischer Schwabe wie Theodor Heuss stimmt in diesen Chor der schwäbischen Chauvinisten ein, wenn er feststellt, »dass nirgendwo sonst in Deutschland mehr Begabungen auf den Quadratkilometer kommen« als im Schwäbischen. Das ist natürlich eine besonders subtile Form von Angeberei. Primitiver zeigt sich der Gelbfüßler, einer der Sieben Schwaben: »Fechten könne er nicht, aber sei's ums Laufen getan, so könne er den Teufel auf dem freien Feld fangen.«

Sogar mit Toten kann der Schwabe sich brüsten, wenn es darum geht, auf irgendeinem Gebiet führend zu sein. Stolz verkündete der ansonsten friedfertige Sebastian Blau in seinem »Schwabenbrevier«, dass die Württemberger im Ersten Weltkrieg von allen deutschen Stämmen die meisten Toten und die wenigsten Gefangenen gehabt hätten. Und auch Ludwig Uhland hat versuchte, den Schwaben zum heroischen Supermann umzudichten:

> Als er das Ross zu Fall gebracht,
> da fasst er erst sein Schwert mit Macht,
> er schwingt es auf des Reiters Kopf,
> haut durch bis auf den Sattelknopf,
> haut auch den Sattel noch zu Stücken
> und tief noch in des Pferdes Rücken.
> Zur Rechten sieht man wie zur Linken
> einen halben Türken niedersinken.

Die makabre Heldentat des schwäbischen Ritters wird Kaiser Rotbart lobesam hinterbracht und der lässt den Schwaben zu sich kommen:

»Sag an mein Ritter wert,
wer hat dich solche Streich gelehrt?«
Der Held bedachte sich nicht lang:
»Die Streiche sind bei uns im Schwang,
sie sind bekannt im ganzen Reiche,
man nennt sie halt nur Schwabenstreiche.«

Als »Schwabenstreiche« haben, trotz Uhlands vergeblichem Rettungsversuch, natürlich vor allem die »Sieben Schwaben« überlebt. Nicht die Helden, sondern die Doofen. Und so steht auf der anderen Seite der Medaille der schwäbische Minderwertigkeitskomplex. Ein unerklärlicher Trieb. Als »das schwäbische Trauma von der Minder-

wertigkeit« hat Mundartforscher Fritz Rahn dieses rätselhafte Phänomen bezeichnet. Sebastian Blau, der in den 1920er- und 1930er-Jahren die schönsten schwäbischen Mundartgedichte schrieb, verstummte wegen seiner schwäbischen Selbstzweifel. Und schrieb lange nur noch lateinische Gedichte.

Normal ist es nicht, dieses Schwanken zwischen Überlegenheitswahn und Selbsthass. Es fehlt den Schwaben halt das krachlederne Selbstbewusstsein ihrer bayerischen Nachbarn, die unverfroren ihre Unsitten als bayerische Tradition verkaufen und als Tiroler kostümiert für das Jodeln und die Benutzung ihrer Berge auch noch Geld kassieren und alljährlich und ungestraft das größte Massenbesäufnis der Welt, das Oktoberfest, als gottgefällige Folklore im September verklären – und dafür auch noch als Traditionalisten gefeiert werden. Und das, obwohl es mit der bayerischen Tradition nicht mehr weit her ist. München, die selbsternannte Welthauptstadt des Bieres, ist heute fest in belgischer und niederländischer Hand. Nur noch zwei der großen Münchner Biermarken sind bayerisch: Hofbräu und Augustiner.

Dieses tumbe, verschwitzte Selbstbewusstsein aber fehlt den meisten Schwaben – und es gibt auch keinen Prominenten, der so krachledern auftreten würde wie früher der hölzerne Besser-Bayer Edmund Stoiber mit seinem Slogan: »Laptop und Lederhose!« Das finden echte Schwaben einfach unfein. Aber es ist halt einprägsamer als das defensive: »Wir können alles. Außer Hochdeutsch.«

Warum die Badener Schwaben sind

Es ist eine ziemlich komplizierte Beziehungskiste, die Geschichte von Badenern und Württembergern. Sie haben sich in der Vergangenheit bekanntlich nichts geschenkt – und kaum eine Gemeinheit ausgelassen, um sich gegenseitig ihrer Abneigung zu versichern. Die Badener waren dabei immer die Underdogs. Aus Notwehr erfinden sie deshalb bis heute böse Witze über die Schwaben:

Ein Schwabe kommt in die Redaktion der Badischen Neuesten Nachrichten in Karlsruhe. Um sich zu beschweren: »Sie! Wenn Sie weiter so über ons Schwoba herziehat, no leih' i mir Ihr Scheißblättle vei nemme aus!«[70]

Es ist eine scheinbar unüberwindliche Feindschaft. »Über Baden lacht die Sonne, über Württemberg die Welt«, ätzen die Badener und sie wissen auch, warum das so ist: »Schwoba schaffet, Badener denket!«[71]

Solche Sprüche sind es, die das Klima im Ländle immer noch vergiften. Aber sie sind meist nur noch Folklore. Für Raig'schmeckte sind diese fiesen Feindseligkeiten ohnehin schwer zu verstehen, zumal sie kaum einen sprachlichen Unterschied zwischen dem Badener Wolfgang Schäuble und dem Württemberger Günther Oettinger ausmachen können.

»Es gibt Badische und Unsymbadische«, sticheln die Badener frech. Gemeint sind selbstverständlich die »Schwobaseckel«[72].

»www.Schwobaseckel.de« heißt denn auch eine badische Internetseite, die lange die altbadische Wut über den Verlust des badischen Staates künstlich am Kochen hielt. Dazu gehören auch jede Menge Schwabenwitze: »Woran erkennt man ein schwäbisches

---

70 Schwäbisch für: »Wenn Sie weiterhin so über uns Schwaben herziehen, leihe ich mir Ihr Blatt nicht mehr aus!« / 71 Badenerisch für: »Schwaben ackern, Badener denken!« / 72 Badenerisch für: Schwabe

Kreuzfahrtschiff?« Antwort: »Es fliegen keine Möwen hinterher!« Diese Gehässigkeiten werden von einer kleinen, aber lautstarken Minderheit artikuliert, die politisch keine Rolle mehr spielt, aber die badische Fahne hochhält.

Erstaunlich ist, dass es kaum schwäbische Retourkutschen gibt. Die Württemberger machen sich lieber über sich selbst lustig. Zum Beispiel über die »Älbler«[73]:

»Was sind die drei großen Geißeln der Menschheit?«
Antwort: »Lepra, Cholera, von dr Alb ra[74].«

Badener-Witze sind im Schwäbischen dagegen weithin unbekannt. Man muss lange suchen, bis man fündig wird, und dabei ist »Gelbfüßler« so ziemlich das Abfälligste, was die Württemberger über Badener auf Lager haben. Und das klingt eher albern. Der Schimpfname soll angeblich auf badische Steuereintreiber zurückzuführen sein, die, mit dem Fassungsvermögen eines Eierkorbs unzufrieden, die Eier im Korb zusammentrampelten – um Platz zu schaffen. Blöde Badener eben. Die Story ist aber nur begrenzt lustig – und hat einen Haken: »Gelbfüßler« wurde bekanntermaßen auch einer der »Sieben Schwaben« genannt. Und der stammte aus dem württembergischen Bopfingen. Dieser Schuss geht offensichtlich nach hinten los.

Trotzdem sind die Badener empfindlich. Schon den Begriff »Badenser« empfinden manche als Beleidigung – man sage ja auch nicht »Heilbronser« oder »Frankfurtser«, polemisieren sie. Dabei gibt selbst das badische Wörterbuch Entwarnung – mit Verweis auf Goethe. Der, ein unverdächtiger Hesse, spricht schon in »Dichtung und Wahrheit« von »Badensern«. Und auch Karl May verwendet das Wort so selbstverständlich, wie man »Hallenser« oder »Jenenser« sagt.

Es ist schon seltsam: Besonders die Altbadener stänkern so aufgeregt, als befänden sich zwei fremde Völker in einer Art Blutfehde. Dabei sind die Vorfahren von Württembergern und Badenern, wie wir

---

73 Schwäbisch für: Bewohner der Schwäbischen Alb / 74 Schwäbisch für: »von der Schwäbischen Alb zu kommen«

wissen, dieselben. Mal hießen sie Sueben, mal Alemannen. Gemeint war immer derselbe Stamm.

Badener und Württemberger hören diese historischen Tatsachen nur ungern. Führen sie doch manches Vorurteil ad absurdum und machen ganz besonders den krampfhaften Versuch der Altbadener obsolet, etwas anderes sein zu wollen. Gut, was die Geschäftigkeit angeht, haben sich möglicherweise Unterschiede eingeschlichen. Die Badener nehmen alles etwas lockerer, wie ein selbstironisches Gedicht zeigt:

Am Mondich fängt die Woche aa,
am Dinschdich schafft mr was mr kaa.
Am Middwoch schafft mr ned so arg,
Donnerschdich isch Wochamargd.
Da Freidich lässt mr Freidich sei,
dr Samschdich schlubfd en Sonndich nei.[75]

Dennoch: Die feindlichen Brüder sind enge Verwandte, ob sie wollen oder nicht. Lange lebten sie friedlich zusammen im Herzogtum Schwaben. Nach dessen Niedergang am Ende des Mittelalters vergrößerte sich Württemberg schnell. Die Geschichte Badens dagegen verlor sich in Kleinstaaterei. Die Markgrafschaften Baden-Baden und Baden-Durlach waren politische Petitessen, nicht der Rede wert. Man mag es fast nicht glauben: Noch im Jahr 1789 drängelten sich 600 Kleinstaaten auf dem Gebiet des heutigen Baden-Württemberg. Erst Napoleon hat zu Beginn des 19. Jahrhunderts damit Schluss gemacht. Baden ist eigentlich seine Kreation – er hat das Großherzogtum am Schreibtisch erfunden. Und um zwei Drittel vergrößert. Zufrieden waren die Badener trotzdem nicht: Württemberg nämlich machte der kleine Korse zum Königreich und schenkte ihm noch Oberschwaben, das er den Österreichern klaute und Hohenlohe, das er den Franken abzwackte. Dieser Stachel sitzt tief im kollektiven badischen Gedächtnis.

Mit Napoleons Entscheidung begannen die Badener sich benachteiligt zu fühlen, ein Komplex, den sie im Lauf der Zeit geradezu kultivierten. Deshalb strengten sie sich ganz besonders an. Sie wollten es der damaligen Welt zeigen, vor allem ihren württembergischen Zwillingsbrüdern. Um sich von ihnen abzugrenzen, propagierten sie einen aufgeklärten Absolutismus. Baden entwickelte sich zum Vorzeigestaat mit einer mustergültigen Verwaltung. Baden, nicht Württemberg, galt damals als »Musterländle«. Seine Verfassung von 1818 war die liberalste ihrer Zeit. Auf diese Weise profilierte sich das badi-

---

75 Badenerisch für: »Montags fängt die Woche an, dienstags arbeiten wir, so viel wir können. Mittwochs treten wir etwas kürzer, donnerstags ist Wochenmarkt. Den Freitag lässt man Freitag sein, der Samstag schlüpft in den Sonntag hinein.«

sche Herrscherhaus erfolgreich gegen die konservativen Württemberger. Seine Liberalität war eine Waffe gegen die ständige Gefahr, von den lieben Verwandten annektiert zu werden. Die Badener hatten Angst vor einer »feindlichen« Übernahme. Hier dürfte der Anfang für die baden-württembergischen Kabbeleien liegen.

Das liberale Großherzogtum wurde für viele aufmüpfige Württemberger des 19. Jahrhunderts zur letzten Rettung. Der Stuttgarter Georg Herwegh zum Beispiel, der rebellische Demokrat und Dichter (»Alle Räder stehen still, wenn dein starker Arm es will!«), starb als

Dissident im Baden-Badener Exil. Und der »Hochwächter«, ein kritisches Stuttgarter Blatt, wurde gelegentlich im badischen Pforzheim gedruckt, um der württembergischen »Censur« zu entgehen.

Als im Jahre 1848 nach dem Ausbruch der Revolution in Frankreich der revolutionäre Funke auch auf die Staaten des Deutschen Bundes übersprang, begann das Feuer, wen wundert's, zuerst in Baden zu lodern. Laut und konsequent wurde hier die Forderung nach einer demokratischen Republik vertreten – bis zur Niederschlagung des Aufstandes am 23. Juli 1849 durch preußische und württembergische Truppen. Das hat man im Badischen bis heute nicht vergessen.

Die badisch-württembergischen Streitereien erreichten ihren Höhepunkt schließlich nach Ende des Zweiten Weltkriegs – beim Kampf um den Südweststaat. Immerhin fast 150 Jahre lang hatten die beiden Länder Baden und Württemberg sowie das preußische Hohenzollern bestanden – bis 1945, als die Region von den Besatzungsmächten USA und Frankreich willkürlich und ohne Rücksicht auf die gewachsenen Verhältnisse dreigeteilt wurde.

Nun gab es drei Protagonisten: den badischen Staatspräsidenten Leo Wohleb, den württemberg-badischen Ministerpräsidenten Reinhold Maier und den württemberg-hohenzollerischen Regierungschef Gebhard Müller. Zwei von ihnen, Maier und Müller, wollten den raschen Zusammenschluss der Länder zu einem im Bund einflussreicheren, neuen Bundesland Schwaben. Wohleb nicht. Für die Altbadener war das ein trickreicher Versuch der württembergischen »Schlaumeier«, sich Baden doch noch unter den Nagel zu reißen. Der Erzfeind hieß Maier. Reinhold Maier, der Fuchs aus dem Remstal.

In badischen Augen war der ein württembergischer Imperialist. Der württemberg-badische Ministerpräsident galt als begnadetes Schlitzohr, als trickreich und clever. Aber auch sein Gegner, der badische Staatspräsident Leo Wohleb, kämpfte listig und mit harten Bandagen. Seine Gegner diffamierten ihn gerne als katholischen

Hinterwäldler, aber wenn er das war, dann war er ein Hinterwäldler von Format.

Beide, Maier und Wohleb, waren knorrige Figuren. In der Frage der Abstimmungsbezirke sollte sich schließlich der Machtkampf entscheiden: Während die Badener dafür kämpften, die Stimmen nach den alten Ländern zu zählen, verlangten die Württemberger die Zählung der Stimmen gesondert nach den vier Landesteilen Nord- und Südbaden sowie Nord- und Südwürttemberg.

Maier setzte sich in dramatischen Verhandlungen am 9. Dezember 1951 durch: Es wurde in vier Stimmbezirken gewählt. Nun musste in mindestens drei davon eine Mehrheit her, und auch das gelang.

Eine Provokation für die Altbadener. Hätte man nach ihrem Modell abgestimmt, wäre der Südweststaat abgelehnt worden – mit 52,2 Prozent der Stimmen von Gesamtbaden. Die Badener fühlten sich von den Schwaben zu Recht ausgetrickst und übervorteilt. Das Bundesverfassungsgericht nannte den Volksentscheid später ausdrücklich den »übervorteilten Volkswillen«. Adenauer hielt den Altbadener Wohleb danach für immerhin so gefährlich, dass er ihn als Gesandten an die Botschaft nach Portugal entsorgte.

Im Jahr 1970 brachte eine letzte Volksabstimmung auch in Baden eine klare Mehrheit von 81,9 Prozent für den Verbleib im neuen Bundesland. Baden, Württemberg und Hohenzollern waren damit Geschichte, den Altbadenern blieb nur noch das Badnerlied. Nur musikalisch lebt Altbaden noch weiter. Ich erinnere mich, wie am Abstimmungsabend die politische Klasse aufatmete, allen voran der damalige Ministerpräsident Hans Filbinger. Im Südwestfernsehen hatte ich den Wahlabend moderiert.

»Schwaben« oder »Alemannien«, die eigentlich logischen und historisch nahe liegenden Namen für das neue Bundesland, waren chancenlos. So kam es zu dem Land mit dem Bindestrich. Es fehlten nur noch die Bindestrich-Bürger. Aber alle Versuche, einen »Baden-Württemberger« zu schaffen, schlugen danach fehl. Zum 50. Landesjubiläum im Jahr 2002 sollte schließlich eine Landeshymne neue Identität stiften, das Zusammenwachsen krönen. Aber auch damit klappte es nicht. Was am Ende dieses Wettbewerbs herauskam, war ein grenzdebiles Gesangsstück, das künstliche Vanillesauce über das Land goss und schnell wieder vergessen war:

> *In Deutschlands tiefem Süden,*
> *da liegt das schöne Land.*
> *Uns allen, die es lieben,*
> *ist dieses wohlbekannt.*

Vom Schwarzwald bis zum Bodensee,
von Stuttgart bis an den Rhein,
im Ländle Baden-Württemberg,
ja – da sind wir daheim.

Niemand wollte diese holprige Hymne, die Gotthilf Fischer vertont hatte. Die Badener sangen weiter ihr Badnerlied, die Württemberger sangen überhaupt nicht.

Auch der Versuch, Villingen-Schwenningen zur baden-württembergischen Modellstadt zu machen, ist gründlich fehlgeschlagen.

Der Stuttgarter Landtag hatte eigens dafür 1972 ein Sondergesetz verabschiedet und in den folgenden Jahren 270 Millionen Euro in die Stadt gepumpt. Der Baden-Württemberger wollte aber ums Verrecken nicht entstehen. Alles vergeblich. Die protestantischen Schwenninger wollen möglichst wenig mit den katholischen Villingern zu tun haben und umgekehrt. Seit der Vereinigung leben sie in recht zwiespältiger Eintracht.

»Warum hat Nero Rom angezündet?«, lästern die Villinger.
Antwort: »Weil es Schwenningen domols no ned gäbba hot.«[76]

Die Schwenninger sind auch nicht gerade zimperlich: »Lieber a Ratt em Brodkorb als en Badener em Haus!«[77]

Und der harte Kern der Altbadener hat immer noch nicht aufgegeben. Sie haben einen ominösen Club gegründet – die »Landesvertretung Baden in Europa«. Auch 40 Jahre nach der Vereinigung stänkern sie gegen die Regierung in Stuttgart. Obwohl 42,5 Prozent der Bevölkerung in Baden lebten, seien in den vergangenen sechs Jahren nur 38,3 Prozent der Fördersumme nach Baden geflossen. Und weil die Badener genauso viel Steuern bezahlten wie die Württemberger, müssten sie das schwäbische Stuttgart 21 mit finanzieren. Altbadische Folklore.

Nur die Narren hatten schon immer ein gutes Gespür für die Zusammengehörigkeit der verfeindeten Schwestern und Brüder: Sie feiern bis heute ihre »schwäbisch-alemannische Fasnacht«. Die Geschichte ist also nicht nur im Nahen Osten, sondern auch im nahen Westen bei näherem Hinsehen voller Überraschungen. Und die, wie ich finde, originellste davon ist, dass die Markgrafen von Baden ihre Wurzeln bis ins alte Württemberg zurückverfolgen können. Ihnen gehörten einst Gebiete in der Gegend von Backnang, Besigheim – und Stuttgart. Bis 1268 wurde der badische Adel in der Stiftskirche von Backnang zu Grabe getragen. Zur Erinnerung feiert man dort alljährlich das Markgrafenfest – in guter Erinnerung an die Badener.

---

76 Badenerisch für: »Weil Schwenningen damals noch nicht existierte.« /
77 Schwäbisch für: »Lieber eine Ratte im Brotkorb als einen Badener im Haus.«

Wenn man so will, waren die Kern-Württemberger also längere Zeit Badenser.

Badener und Württemberger sind und bleiben also enge Verwandte. Ob sie wollen oder nicht. Und wenn es noch eines Beweises für diese enge Beziehung bedarf, hier ist er: Die schwäbische Metropole Stuttgart ist eine badische Gründung. Sie haben richtig gelesen: Der erste Stuttgart-Chef hieß Hermann Markgraf von Baden! Um 1219 soll er die Stadt gegründet haben. In Stuttgart erinnert man sich nur ungern der badischen Vergangenheit. Erst durch Heirat war der badische Flecken württembergisch geworden. Graf Ulrich I. nämlich heiratete die Tochter des Markgrafen, und die brachte Stuttgart als Mitgift mit in die Ehe.

Die schwäbische Metropole war also ursprünglich keine württembergische, sondern eine badische Stadt! Da wird einem schwindlig vor Geschichte und so gesehen ist Stuttgart die ideale Hauptstadt Baden-Württembergs. Oh »Heimatland«!

Der Schwabe als Preuße.

Die Hohenzollern

Aus der Ferne sieht sie aus wie die Mutter aller mittelalterlichen Burgen. Auf steilem Fels sticht sie senkrecht in den Himmel. Ein Ausrufezeichen in der Alblandschaft. Ein mittelalterliches Postkartenidyll, steingewordene Geschichte. Von wegen. Die Hohenzollernburg ist grade mal älter als 150 Jahre. Echtes Mittelalter sucht man fast vergeblich. Die Festung ist das Fantasieprodukt romantisch verklärter Neogotik. So wie man sich im 19. Jahrhundert halt Mittelalter vorgestellt hat. Erst 1867 wurde sie, nach 17-jähriger Bauzeit, eingeweiht. Historisierendes Disneyland. Neuschwanstein auf Preußisch. Anders aber als das bayerische Neuschwanstein war sie nie als Wohnsitz geplant. Sie sollte von Anfang an ein nationales Monument werden, das den preußischen Machtanspruch verkündet. Ein dynastisches Denkmal, eine Mahnung an die beiden Nachbarländer – das Königreich Württemberg und das Großherzogtum Baden. Die hatten im preußisch-österreichischen Krieg von 1866 die falsche Seite, nämlich die Habsburger, unterstützt und mit ihnen in der Schlacht von Königgrätz verloren. Die Reparationszahlungen schmerzten noch lange. Preußen betrachtete man deshalb im Schwäbischen mit tiefem Misstrauen. Auch noch nach dem Zweiten Weltkrieg war der preußische Ruf nicht der beste. Sprach jemand akzentfreies Hochdeutsch, dann lästerte man: »Der kommt aus dem ›großa Vadderland‹«, damit ironisierte man preußische Großmannssucht, den schrillen Militarismus und den vorlauten Wilhelminismus. Das entsprach nicht schwäbischem Lebensgefühl.

Der Bau der Hohenzollernburg war eine bewusste politische Provokation. Sie markierte die Speerspitze des Preußenkults im deut-

schen Südwesten. Der Neubau sollte bei den unsicheren Kantonisten im Süden den Machtanspruch auf ganz Deutschland verdeutlichen. Neben aller Familienfolklore und Sentimentalität war die Hohenzollernburg ein steinernes politisches Statement. Verständlich, dass die preußische Festung als arger Stachel im schwäbischen Fleisch empfunden wurde. Ebenso das ganze preußische Hohenzollern. Es war ein exotischer Fremdkörper, eine bizarre politische Konstruktion im deutschen Südwesten. Die schwäbischen Älbler rund um Sigmaringen und Hechingen waren sozusagen über Nacht Untertanen des preußischen Königs geworden und noch komischer: Sie lebten in einem preußischen Regierungsbezirk. Mit Grenzpfählen und allem preußischen Drum und Dran. Wie diese Schwaben zu Preußen wurden, ist eine gar nicht so lustige und eine lange Geschichte.

Fangen wir mit der Zollernburg an. Die wurde urkundlich zum ersten Mal 1061 erwähnt. Friedrich I. war damals erster Vogt des schwäbischen Klosters Alpirsbach. Er war einflussreich – und er machte Karriere: Im Jahr 1111 wurde er in den Grafenstand erhoben. Er gilt als der Stammvater der Hohenzollern. Sein Nachfahre, Friedrich III. von Zollern, war noch erfolgreicher: Als Berater Barbarossas und Heinrich VI. erhielt er zum Dank 1192 das Nürnberger Burggrafenamt und begründete damit die brandenburgische Linie. 1227 dann ein wichtiger Einschnitt: Der Hohenzollernbesitz wurde geteilt, in eine schwäbische und eine fränkische Linie. Und weil wir grade beim Stichwort Teilung sind: Die schwäbische Linie teilte sich auch noch mal. In Hohenzollern-Hechingen und Hohenzollern-Sigmaringen. Die Herren von Hohenzollern stritten sich offensichtlich gerne mit ihren Nachbarn, aber auch untereinander.

Während es bei den fränkischen Hohenzollern stetig aufwärts ging – sie wurden Kurfürsten und schließlich Könige von Preußen –, hatten die schwäbischen Verwandten zunächst Probleme, ihren Lebensunterhalt zu verdienen. Sie fielen schon mal – als Raubritter – in benachbarte Freie Reichsstädte ein. Was dazu führte, dass der Schwäbische Städtebund ihre Burg 1423 in Schutt und Asche legte. Danach müssen die schwäbischen Hohenzollern sich manierlicher verhalten haben, denn 1623 wurde ihnen vom Kaiser die Fürstenwürde verliehen. Das machte die Minifürstentümer nicht unbedingt lebensfähiger. Die schwäbischen Hohenzollern blieben die armen Verwandten ihrer preußischen Vettern. Es kommt deshalb einem Wunder gleich, dass diese winzigen Duodezfürstentümer[78] als souveräne Staaten selbst die napoleonischen Wirren überlebten.

Das Wunder hieß Amalie Zephyrine von Hohenzollern-Sigmaringen. Sie, eine femme fatale, hatte familiäre Kontakte zu Napoleons

---

78 Zwergstaat. »Duodez« ist der Name eines veralteten Buchformats, übertragen steht der Begriff für etwas unbedeutend Kleines.

Entourage. Sigmaringen und ihren Ehemann hatte sie verlassen und bei Bonaparte immerhin erreicht, dass er die Zwergfürstentümer verschonte. Persönliche Beziehungen spielten halt auch damals eine Rolle. Erst die Revolution von 1848 sollte das Ende bedeuten: Hohenzollern wurde Preußenland im Ländle. Und das kam so:

Am 4. März 1848 versammeln sich Sigmaringer Bürger auf dem Marktplatz. Die Hauptstadt des Fürstentums war damals ein Provinznest mit grade mal 1600 Einwohnern. Aber wie auch anderswo in Deutschland herrscht Aufruhrstimmung. Mehrfach hat der Fürst die

Steuern erhöhen lassen. Jetzt reichte es! Noch fordern die Bürger in einer Petition brav vom Fürsten Pressefreiheit, Volksbewaffnung, Religions- und Meinungsfreiheit und ein Ende des verhassten Frondienstes. Und der Protest zeigt Wirkung. Am 27. August dankt Fürst Karl zugunsten seines Sohnes Karl Anton ab, der vermeintlich liberaler ist. Und der macht ein Zugeständnis: Er verzichtet auf den Frondienst. Die Untertanen wollen inzwischen aber mehr, jetzt wollen sie die Republik. Es herrscht Chaos im kleinen Fürstentum. Ein revolutionärer Sicherheitsausschuss wird gebildet. Der Fürst sieht seine Herrschaft bedroht, flieht am 27. September ins badische Überlingen und ruft bayerische Truppen zu Hilfe, die sein Fürstentum schließlich retten. Fürst Karl Anton kehrt aus seinem Exil zurück. Die Revolution in Hohenzollern ist am Ende – aber auch die beiden Bonsai-Fürstentümer. Die schwäbischen Hohenzollern verzichten zugunsten ihrer preußischen Vettern auf die Macht, was so ziemlich die schlimmste Strafe für die aufmüpfigen Sigmaringer Demokraten ist – sie werden preußische Staatsbürger.

Das blieben sie auch, als Wilhelm II. 1918 abdankte. Die »Hohenzollernsche Lande«, wie sie im Kaiserreich hießen, wurden in der Demokratie sprachlich etwas reformiert. Sie hießen nun »Hohenzolerische Lande«. Und kurz vor ihrem Ende erlebten diese Hohenzolerischen Lande eine kurze Scheinblüte: Sigmaringen wurde für sieben Monate Frankreichs Hauptstadt. Am 17. September 1944, nachdem Paris von Alliierten befreit worden war, hissten Franzosen auf dem Sigmaringer Schloss die Trikolore. Marschall Pétain, der Präsident des Vichy-Regimes, fuhr im offenen Wagen in Sigmaringen ein. Ebenso Ministerpräsident Laval. Sie bezogen Quartier im Schloss. Die Nazikollaborateure spielten in der schwäbischen Provinz Regierung, während ihr Herrschaftsbereich jeden Tag schrumpfte. Sie taten so, als würden sie Frankreich weiterregieren – mit Ministern, Staatssekretären, einer Regierungszeitung und einem Regierungssender. Auch Botschaften gab es in Sigmaringen noch – und damit

die Illusion einer französischen Hauptstadt. Japan war vertreten, die italienische Regierung und besonders absurd: der deutsche Botschafter. Er war von Paris nach Sigmaringen geflohen, um als Vertreter Deutschlands die Interessen der Berliner Regierung in Frankreich wahrzunehmen. Eine grandiose politische Farce. Und eine gespenstische Situation: eine schwäbische Kleinstadt von damals 5000 Einwohnern als Ersatz für Paris.

Erst in der Nacht zum 21. April 1945 endete der politische Spuk, einen Tag nach »Führers Geburtstag«, als französische Truppen

Marschall Pétain und Ministerpräsident Laval in Sigmaringen festnahmen. Das Paris an der Donau blieb ein kurzer Traum und das richtige Paris wurde wieder die unumstrittene Hauptstadt der Grande Nation.

Damit ging auch das preußische Abenteuer auf der Schwäbischen Alb nach 95 Jahren ziemlich glanzlos zu Ende. Die Besatzer lösten das Land Preußen einfach auf. Die»Hohenzollerischen Lande« wurden von Südwürttemberg-Hohenzollern geschluckt, das wiederum später in Baden-Württemberg aufging.

Die Hohenzollern sind Geschichte. Sie beherrschen heute nur noch ihre Stammburg. Die Fahne mit dem schwarzen Adler weht manchmal oben am Mast. Das bedeutet, dass der Chef des Hauses, Georg Friedrich Prinz von Preußen, anwesend ist.»Hängt der Lapp aus dem Fenster, isch der Lomp im Haus!«[79], spotteten früher die Leute am Fuß des Burgbergs. Was auf eine gewisse schwäbische Distanz zum Preußentum schließen lässt.

Der Prinz bemüht sich heute um Normalität. Und die Normalität heißt Demokratie. Aber: Er wäre wohl auch nicht ganz abgeneigt, den Thron wieder zu besteigen, wenn er denn gerufen würde. Die Gefahr besteht allerdings kaum. Diese Chance zu einer konstitutionellen Monarchie hat einer seiner Vorfahren, König Friedrich Wilhelm IV. von Preußen, für immer verspielt, als er sich weigerte, die Krone aus den Händen der 48er-Revolutionäre anzunehmen. Der größte historische Fehler der Hohenzollern. Preußische Arroganz mit Langzeitwirkung.

Umso mehr sorgt sich der Prinz heute um das Image seiner Hohenzollern-Sippe. Seine Vorfahren haben Schlesien erobert, Österreich und Frankreich besiegt, aber auch einen Weltkrieg und ihren guten Ruf verloren. Die Preußen galten als geltungssüchtig, militaristisch und nicht gerade demokratiefreundlich. Das ist im Laufe der Jahre etwas in Vergessenheit geraten. Heute fällt das Urteil über die Preußen wieder etwas freundlicher aus. Und das möchte der Hohenzollern-Chef nicht leichtfertig aufs Spiel setzen.

79 Schwäbisch für:»Hängt der Lappen aus dem Fenster, ist der Lump im Haus!«

Das tat indes lange ein Verwandter: Ferfried von Hohenzollern-Sigmaringen, in der Boulevardpresse »Prinz Foffi« genannt. Er unternahm fast alles, um den Ruf der Hohenzollern nachhaltig zu ruinieren. Als »geiler Prinz« hat Foffi, ein ehemaliger Rennfahrer und Boulevard-Zampano, sich an einer ganz anderen Front bewährt als seine Vorfahren. Er stürzte sich in Medienschlachten, in denen kein Blut, sondern allenfalls Tränen und Sperma flossen. Er hat die halbseidene »Busenmacher-Witwe« Tatjana Gsell erobert und auf dramatische Weise wieder verloren. Daraus hat RTL II eine schmuddelige TV-Seifenoper gemacht. Der liebestolle Prinz wollte Frau Gsell, die ihr verstorbener Ex mit dem Skalpell zu einem Körperkunstwerk veredelt hatte, sogar heiraten. Als sie ihm schließlich den Laufpass gab, stand der liebestolle Hohenzollernprinz als Hahnrei[80] und Medienhanswurst da. Seifenoper statt Geschichte.

Diese Story belegt: Geschichte kann ganz schön grausam sein. Die Hohenzollern hatten einst die Macht in Deutschland erobert und Preußens angeblichen Glanz und Gloria begründet. Dann aber mit ihrem blindwütigen Größenwahn wieder verspielt. Vom Bettelstab blieben sie verschont. Nicht nur die Hohenzollernburg ist ihnen geblieben. Sie ist ein ganz besonderes Kleinod, eine historische Traumkulisse und eine einträgliche Touristenattraktion. Auf der Burg kann man – gegen Eintritt, versteht sich – die Geschichte vom Aufstieg und Fall der Hohenzollern besichtigen.

Es ist eine ganz schön lehrreiche Geschichte, die zeigt, was Schwaben alles passieren kann, wenn sie in der Fremde die Bodenhaftung verlieren und im Lauf der Zeit zu Hurra-Preußen mutieren. Als solche haben diese ausgewanderten Ex-Schwaben Europa und die Welt tief in den Abgrund blicken lassen.

---

80 Ein Ehemann, dessen Ehefrau fremdgegangen ist

Hightech und Hosianna.

Der Oberschwabe

Südlich der Zollernalb liegt der Regierungsbezirk Oberschwaben, lange Zeit als der »Schwarze Kontinent« Baden-Württembergs gebrandmarkt, ein Kampfbegriff, der noch vom ersten liberalen Nachkriegs-Ministerpräsidenten Reinhold Maier stammt. »Wo hoch die Kanzel und tief der Verstand, da ist das schwäbische Oberland«, lästerte man lange über diese eher unbeachtete Region zwischen Biberach und Bodensee, die noch heute von den Medien stiefmütterlich behandelt wird. Oberschwaben war das Land der schwarzen Soutanen und medial im Wesentlichen auf den jährlichen »Blutritt« in Weingarten, die Saisoneröffnung der »Weißen Flotte« auf dem Bodensee und den Zeppelin in Friedrichshafen beschränkt.

Nur ein Oberschwabe beherrscht das mediale Handwerk in Perfektion: Oswald Metzger. Es gibt kaum eine Partei, aus der er nicht ausgetreten wäre. Und dennoch blieb ihm der Erfolg versagt. Die Oberschwaben wissen halt: »Nur die dümmsten aller Kälber wählen ihren Metzger selber.« Wäre er bei den Grünen geblieben, wäre er nach dem Wahlsieg 2011 vielleicht Finanzminister geworden. Er hat sich, als er in die CDU eintrat, gründlich verspekuliert. Er hat wohl, wie die meisten politischen Beobachter, nicht mehr an eine Regierungsbeteiligung oder gar an einen Wahlsieg geglaubt. Deshalb ist er in die oberschwäbische CDU desertiert. Möglicherweise, weil er weiß, dass die Oberschwaben mit schöner Regelmäßigkeit schwarz gewählt und jahrzehntelang für absolute Mehrheiten der CDU im Stuttgarter Landtag gesorgt haben.

So richtig hat das ihnen übrigens niemand gedankt. Deshalb haben die Oberschwaben einen ähnlichen Anti-Stuttgart-Reflex entwickelt wie die Badener. Es geht ihnen auf den Wecker, dass die Stuttgarter eine Art Monopol aufs Schwabentum für sich reklamieren. Und so sind sie ihren eigenen Weg gegangen, haben aus Oberschwaben das »Musterländle im Musterländle« geschaffen.

Hier spricht man ein uriges Schwäbisch, das ein bisschen so klingt, als ob man täglich mit Salzsäure gurgle. Und es ist noch nicht lange her, da predigten die Pfarrer von der Kanzel, dass der, der SPD wähle, direkt in die Hölle komme. Lange Zeit herrschten »schwarze« Oberbürgermeister und Landräte – mit absoluten Mehrheiten, versteht sich.

Wie's »Herrgöttle von Biberach«, ein Mann, der jahrzehntelang die Deutungshoheit über die oberschwäbische Politik innehatte: Wilfried Steuer, legendärer Landrat von Biberach. Zusammen mit dem Monopolblatt Schwäbische Zeitung und Gleichgesinnten aus dem katholischen Klerus »steuerte« er über Jahre die Geschicke Oberschwabens. Fast geräuschlos. Er war so etwas wie ein oberschwäbischer Neben-Ministerpräsident, auf jeden Fall der mächtigste Landrat im Lande. Ein prinzipienfester Mann, dessen Lebensmotto gottgefällig war: »Gläubig aufwärts, mutig vorwärts, dankbar rückwärts.«

Und wenn's sein musste auch »seitwärts« – wenn es nämlich galt, sexuell ausschweifende (»vegelnde«) oberschwäbische Kommunarden zu sittlicher Ordnung zu zwingen. »Fanget se und hebet se!«[81], soll er in einer Pressekonferenz gesagt haben. So zitiert ihn Josef-Otto Freudenreich in seinem kritischen Buch »Wir können alles«. Das war oberschwäbisches Landrecht.

Als Vorsitzender der Oberschwäbischen Elektrizitätswerke beschenkte er Klöster, Kirchen und Rathäuser mit Kunstwerken, vorzugsweise Madonnen. Steuer war nämlich nicht nur Landrat und Landtagsabgeordneter, sondern auch umtriebiger Strom-Boss der »Energieversorgung Schwaben«. Als solcher hat er Milliarden verwaltet und stets der Atomkraft gehuldigt.

Trotz dieser Machtfülle hat er sich eine gewisse schwäbische Bodenständigkeit bewahrt. Den Nachfolger im Stromgeschäft, den etwas flamboyanten und längst ausgeschiedenen EnBW-Chef Utz Claassen, hatte er besonders »gefressen«. Der, so stänkerte er, »verdient beim Scheißen so viel wie ein Arbeiter im Monat.« Da ist er wieder: der schwäbische Hang zum Fäkalen. Wenn es ums Schimpfen geht, sind sie sich eben doch ziemlich ähnlich, die Oberschwaben und die Unterländer.

Lange amüsierte man sich in Stuttgart über das Bäuerliche, das gelegentlich Bigotte und Folkloristische – und unterschätzte den

81 Schwäbisch für: »Fangt sie und haltet sie!«

schlitzohrigen Menschenschlag. Der Oberschwabe tickt eben anders als der Neckarschwabe. Denn er hat eine ganz andere Geschichte. Erst 1806 war Oberschwaben zu Württemberg gekommen. Im damaligen Königreich blieb der katholische Landstrich lange Zeit ein Fremdkörper. Und auch heute noch ist er das Rückzugsgebiet des Absolutismus – mit der Betonung auf Rückzugsgebiet. Während in Württemberg die pietistischen Bilderstürmer zuschlugen, war in Oberschwaben ein blühendes Barock entstanden. Prachtvoll, üppig, goldüberladen, strotzend vor Lebensfreude. Das genaue Gegenteil der pietistischen Weltferne und Askese.

Diese Prächtigkeit lässt sich ganz besonders in St. Martin bestaunen, Biberachs zentral am Markt gelegener Kirche. Sie hat ein bisschen den Charme eines italienischen Opernhauses, mit faszinierenden Fresken, die sich scheinbar in die Unendlichkeit des Himmels öffnen. Das Stück, das hier an der Kirchendecke inszeniert wird, die »göttliche Komödie«, erinnert mit ihrer fleischlichen Bilderflut an historische Kostümschinken aus Hollywood. Andacht ist bei diesem Anblick nur schwer möglich, eher schon Staunen über die perfekte Illusionsmalerei. Das Gotteshaus ist eine religiöse Theaterbühne, eine glänzende Möglichkeit für Auftritte des oberschwäbischen Kostüm-Katholizismus, der sich auch sonst gern in Schale wirft – zum Beispiel in schwarze Fräcke, wie einmal jährlich, immer am Freitag nach Himmelfahrt, beim schon erwähnten »Blutritt« in Weingarten, der größten Reiterprozession der Welt.

An diesem »Blutfreitag« trägt ein »Blutreiter« eine Reliquie durch die Stadt – der Überlieferung zufolge einen Erdklumpen mit Blut des gekreuzigten Jesus Christus, der dem Kloster Weingarten im 11. Jahrhundert geschenkt worden ist. Über 3000 Reiter begleiten den »Blutreiter«. Wohlgemerkt: Reiter. Die Teilnahme von Reiterinnen ist bis heute nicht erlaubt. Und dennoch ist dieser Freitag nach Himmelfahrt nicht nur religiöser, sondern auch gesellschaftlicher Höhepunkt für die Region.

Für pietistische Schwaben ist so viel Weltlichkeit eine Provokation, ja Gotteslästerung. Umso erstaunlicher ist, dass St. Martin auch von den Biberacher Protestanten genutzt wird. Und das schon seit dem Jahr 1548, als Biberach protestantisch geworden war. Denn die Biberacher lösten ihren Religionskonflikt auf sehr pragmatische Weise: Anstatt sich nach der Reformation gegenseitig umzubringen, teilten sie sich die Kirche. Man kann das Toleranz oder Klugheit nennen – dennoch: Beim Geld hört die Ökumene auf. Es gibt einen evangelischen und einen katholischen Stromzähler in St. Martin. Eine der erstaunlichsten Geschichten des an Geschichten reichen Landstrichs.

Und noch ein Unterschied ist wichtig: Württemberg wurde zentralistisch regiert, Oberschwaben dagegen war vor seiner napoleonischen Eingliederung ein bunter Flickenteppich unterschiedlichster Herrschaften. Der Großteil der Region gehörte zu Österreich, es gab aber auch Freie Reichsstädte, reichsunmittelbare Klöster und Fürstentümer – wie die der Fürstenbergs und der Hohenzollern. In Oberschwaben herrschte ein Hauch von Anarchie mit einem starken »Anarchen« im Hintergrund, der das Ganze irgendwie schlau zusammenhielt: Mutter Kirche.

Das alles hat den Oberschwaben geprägt. Er ist lebensfroh, katholisch und hat den Sinn nach oben gerichtet, dorthin, wohin in den Kirchen der gemalte Himmel weist. Die Geschichte hat ihm gnädig die Heimsuchung durch die pietistische Kirchenzucht erspart. Weltlichen Genüssen ist er deshalb nicht abgeneigt – er ist nicht bekannt dafür, der Sünde aus dem Weg zu gehen. Der Oberschwabe weiß: Sündigen ist kein Problem, so man beichtet. Fast alles ist erlaubt, wenn man es eingestehen und Abbitte leisten kann. Erlösung mit dem Rosenkranz.

Dieses Klischee ist zur Orientierung im schwäbischen Typen-Kosmos durchaus noch hilfreich – es stimmt allerdings immer weniger. Heute kann es schon mal vorkommen, dass das einst tiefschwarze

Biberach – Herz der oberschwäbischen »Finsternis« – auch mal von einem sozialdemokratischen Oberbürgermeister regiert wird, Weingarten sogar von einem parteilosen Schwulen und der Landkreis von einem parteilosen Landrat. Nie und nimmer hätte es solche Zustände früher gegeben! Man sieht: Die konservative Dominanz lässt nach. Die Macht des »schwarzen Blockes« bröckelt. Das – so scheint mir – sind zarte Vorboten auf einem langen Weg zur Normalisierung.

Denn unnormal war diese der Heiligenverehrung gleichende Politkultur ja schon. Der Wind des Wandels hat also auch Oberschwa-

ben erfasst. Und die Veränderungen im romantischen Herrgottswinkel haben hauptsächlich mit der Wirtschaft zu tun. Oberschwaben erlebte in den letzten Jahrzehnten ein regelrechtes Wirtschaftswunder: Die Arbeitslosenquote im Kreis Biberach betrug im April 2013 ganze 2,9 Prozent und lag damit deutlich unter jener in der immer so hoch gelobten Zentralregion Mittlerer Neckarraum. Nach den Regeln der Volkswirtschaft ist das Vollbeschäftigung. Eigentlich eine perfekte Gesellschaft: Jeder hat Arbeit und fast jeder ein Haus. Und das ohne direkten Autobahnanschluss, ohne ICE und ohne internationalen Großflughafen.

Viele auf dem Weltmarkt begehrte Produkte kommen aus der Provinz um Biberach. Das können Kräne der Marke Liebherr sein oder Wurstpressmaschinen von Arthur Handtmann. Auch seine Firma ist Weltmarktführer: Sie hat eine Maschine entwickelt, die 3000 Cocktailwürstchen ausstößt, in der Minute! Keiner kann's schneller.

»Difdele«[82] gibt's eben nicht nur im schwäbischen Kernland um Stuttgart. Zugegeben: Der Aufschwung hat in Oberschwaben etwas länger auf sich warten lassen als im protestantischen Unterland. Aber die Erfolge lassen, so ganz nebenbei, Zweifel an Max Webers These von der wirtschaftlichen Überlegenheit der protestantischen Ethik aufkommen. Die katholischen Oberschwaben haben etwas länger gebraucht als ihre protestantischen Landsleute, um zu Wohlstand zu kommen, aber nebenher das Leben genossen. Der Oberschwabe schweigt deshalb vergnügt – und genießt. Es geht ihm gut. Längst ist er da, wo der pietistisch geprägte Schwabe noch hin will: im Reich der Sinne.

---

82 Schwäbisch für: schlauer, erfindungsreicher Mensch

MADE IN GERMANY

MADE IN SCHWABEN

MADE IN OBERSCHWABEN

Der Butter und das Mensch

Hochdeutsch ist für die meisten Schwaben die erste Fremdsprache. Mir fällt auf Anhieb Jürgen Klinsmann ein. Der erfolgreiche »Sommermärchenmacher« und seine Mannschaft wurden im Jahr 2006 während der Fußballweltmeisterschaft in Deutschland von vielen Journalisten gehänselt als »di, wo gwenne wellet«[83]. Harald Schmidt setzte damals noch einen drauf. Er unterstellte Klinsi, er werde ein Parfüm auf den Markt bringen mit einem Duft, »wo Frauen provoziert«.

Klinsmann hat halt – wie fast alle Schwaben – Schwierigkeiten mit dem Relativpronomen, dem »diesbezüglichen Fürwort«. Hinzu kommt, dass im Schwäbischen nicht nur der Dativ dem Genetiv sein Tod ist, sondern auch der Dativ dem Akkusativ. So sagt der Schwabe, wenn er angerufen werden will: »Rufsch mir o!« Auf Hochdeutsch heißt es selbstverständlich: »Ruf *mich* an!« An dieser landsmannschaftlichen Grammatik-Insuffizienz litt schon ein ansonsten stilsicherer Geistesheroe wie Friedrich Schiller. So schrieb er 1792 nach der Erstaufführung der »Räuber« und seiner Flucht aus Stuttgart: »›Die Räuber‹ kosteten *mir* Familie und Vaterland.«

Der Dichter hatte offensichtlich Schwierigkeiten mit der deutschen Grammatik. Er schrieb halt so, wie er es im Schwäbischen gelernt hatte. Diese Schwierigkeiten mit dem Relativpronomen haben heute noch alle: die Oberschwaben, die bayerischen Schwaben und die Unterländer. Sie werden aber trotzdem verstanden. Die Grammatik ist ja so was wie der Feldwebel der Sprache. Sprache aber, vor allem Umgangssprache, entzieht sich gerne grammatikalischem Drill. Sie ist schöpferisch und gelegentlich unlogisch. So sagt zum Beispiel der Oberschwabe »Naig'schmeckter«, wenn er einen Zugereisten meint. Der Unterländer aber sagt »Rai-

83 Schwäbisch für: »die, die gewinnen wollen«

g'schmeckter«. Ein kleiner, feiner Unterschied. Grammatikalisch nicht erklärbar.

Ein scheinbar unfreiwilliges Opfer der schwäbischen Sprache ist auch der knitze Müslimacher Seitenbacher, der »wo« seine Produkte im Werberadio selber verkauft. Ein Schelm? Man merkt, dass er Hochdeutsch reden will, es gelingt indes nur unvollkommen. Kann er nicht oder will er nicht? »Seitenbacher« ist, was viele nicht wissen, ein Pseudonym. Mit bürgerlichem Namen heißt der Müsli-Mann Willi Pfannenschwarz. Ein Name, den man nicht erfinden kann. Für die

Werbung eher ungeeignet. Er, der einmal Rockmusiker werden wollte, spricht seine Texte selbst. Seine selbstgemachte Werbung ist entweder feine Selbstironie oder unfreiwillige Komik. Oder sogar beides. Unterhaltung ist sie auf jeden Fall. Und gerade das ist die Ursache seines Erfolgs:»Sinnes … draum von Seitttt … enbacher«. So fing er einst an. Er sprach ein weiches schwäbisches»d«, aber auch ein bemühtes und fast bühnenreifes»t«. Unvermittelt nebeneinander. Er strengte sich richtig an. Man atmete erleichtert auf. Doch dann holte ihn sein Schwäbisch ein:»Lägger! Läägger! Lääägger!« Weicher kann man das»g« gar nicht sprechen.

Als ich ihn während eines Hamburg-Besuchs zum ersten Mal im Autoradio hörte, hätte ich fast einen Autounfall produziert. So groß war meine Überraschung. Mit Schwäbisch bei den Fischköpfen werben? Das war schon leicht irre. Bei dem»Imidsch«[84] des Schwäbischen. Aber es war auch clever. Mit seinem schwäbischen Sound fiel er nämlich in der gleichförmig-verlogenen Sprache der Werbewelt richtig auf. Seitenbacher – ein knitzer und geschäftüchtiger Schwabe. Seine schriftdeutschen Sprachübungen hat er später wieder gänzlich aufgegeben. Seit Längerem schwätzt er wieder schwäbisch:»Seidabacher-Müsli! Woisch Karle: Des isch des Müsli von dem Seidabacher!« Mittlerweile ist er auch ins Ölgeschäft eingestiegen. Jetzt verkauft er auch verdauungsförderndes»Saladöl« und Bergsteigermüsli.»Woisch Karle, Saladöl duat au dir guat!«

Hochdeutsch ist für die meisten Schwaben die erste Fremdsprache. Schwäbisch geht eben ganz anders. Den Plural kann man zum Beispiel kaum in Regeln fassen. Der Schwabe sagt:»das Schaf«, aber die Mehrzahl lautet:»die Schäf«. Aus einem»Tag« werden viele»Däg«. Aus einem Lastwagen werden im Plural viele Lastwägen. Und wer es sich leisten kann, hat nicht nur ein»Hemmed«[85], sondern gleich mehrere»Hemmeder«.

Hier läuft sprachlich halt so manches»henderschevier«. Also andersherum. Ein völlig anderer Wortschatz. Andere Grammatik, an-

84 Image schwäbisch ausgesprochen / 85 Schwäbisch für: Hemd

derer Satzbau. Schwierig eben. Es heißt: »dr Butter«, »das Teller«, »dr Schoklad«. Aber zum Beispiel »das Mensch«. Nicht nur für Sprachpuristen ein grammatikalischer Super-Gau. Für Nichtschwaben nicht zu verstehen. Gemeint ist eine Schlampe, eine Mätresse, eine Kurtisane, eine unseriöse Frau eben – wie zum Beispiel »die Grävenitz« eine war, die erotische Gespielin von Herzog Eberhard Ludwig, die in der damaligen Zeit nur verachtungsvoll »das Sau-Mensch« genannt wurde.

Es gibt viele Varianten, um solche »Menscher«, der Plural von »das Mensch«, zu beschimpfen: »Ripp«, »Huddel«, »Zuddel«, »Schluddel«

oder »Schendmärra«. Und die gibt's auch außerhalb Baden-Würt-tembergs. Eine hessische Huddel hat der Dichter und Freiheitskämp-fer Schubart in seiner berühmten »Deutschen Chronik« aus dem Jahr 1774 zitiert:

»Eine Landgräfin von Hessen wollte einmal einen Schwaben sehen. Als ihr Höfling einen solchen auftat, soll sie gesagt haben: ›Ich hab mein Lebtag kein Ding gesehen, das dem Menschen so wohl gleichet als ein Schwabe. Ei, wann das Tier reden könnte, könnte man es wohl für den Krieg gebrauchen.‹«

Aus ihrer hessischen Weltsicht hat sie verkannt, was die schwäbi-schen Alltagsphilosophen in ihrer Muttersprache alles können: zum Beispiel die Welt erklären. Oder die Einstein'sche Relativitätstheorie. Auf Schwäbisch geht die so:

»Wenn du dei Nas in mei Arsch nei stecksch, no hoscht du a Nas im Arsch ond i han a Nas im Arsch. Aber i ben relativ besser dro!«

Schwäbisch ist manchmal eben *gottes*glatt oder *sau*glatt, also komisch. Gott und die Sau werden gern zur Steigerung verwendet. Und richtig komisch wird es, wenn der Schwabe auf diese Weise von einem *saumäßig* schönen Mädle schwärmt.

Überhaupt tut sich der Schwabe schwer mit Komplimenten. Des-halb lobt er eben mit negativen Begriffen. So wird zum Beispiel das Wort »Krüppel« benutzt, um Wohlgefallen über ein durchaus unver-sehrtes Kind auszudrücken: »Des isch aber a nedder Gribbel!« Man-che Mutter antwortet dann bescheiden: »'S hett schlimmer komma kenna!«

Was heute »megageil« ist, ist für den Schwaben: »Ned schlechd«. Mehr Lob kommt ihm verdächtig vor: »Nix gsagd isch gnuag globt!« Wenn er Überraschung ausdrücken will, dann benutzt er zwei sich völlig widersprechende Wörter: »Komm – gang mr weg!« Logisch ist das nicht, aber überraschend.

Das Schwäbische hat auch seine Vorteile. Mit nur zwei Buchstaben kann der Schwabe ein ganzes Gespräch führen.

»Ha?« – »Aa!« – »Aha!«

»Ha?« heißt nichts anderes als: »Wie bitte?« »Aa« oder »Ha-a« meint »Nein!« Und »Aha« kann man mit »Ja!« übersetzen, wobei dieses »Ja« kein entschiedenes »Ja!« ist, sondern eher ein ungläubiges. So reserviert und differenziert kann man auf Hochdeutsch gar nicht »Ja« sagen.

Die angeblich so fleißigen Schwaben sind auch gerne »maulfaul«[86]. Aber dafür manchmal sogar penibel genau. Zumindest grammatikalisch gesehen. Während im Umgangsdeutschen das Plusquamperfekt – die zweite Vergangenheitsform – allmählich ausstirbt, lebt es im Schwäbischen weiter. Man kann sich auf Schwäbisch halt

86 Schwäbisch für: schweigsam

viel präziser ausdrücken – und es kann auch noch Spaß machen. Zum Beispiel mit einem Wortspiel: Die Verben »können« und »kennen« im Perfekt und das Substantiv »Kind« werden im Schwäbischen gleich ausgesprochen. Das sorgt für Überraschungen:

> *I han amol oin kennt ghett,*
> *der hot oine kennt ghett,*
> *dui hot a Kend ghett.*
> *Des hot se aber ned von sellem ghett,*
> *der hot nemlich nemme kend ghett.*
> *Se hot aber no an andra kennt ghett,*
> *der hot no kend ghett.*
> *Von dem hot se au des Kend ghett.*
> *Ond wenn se den ned kennt ghett hett,*
> *dann hät se au des Kend ned ghett.*

Für Nichtschwaben:

> *Ich habe einmal einen gekannt (gehabt),*
> *der hat eine gekannt (gehabt),*
> *die hat ein Kind gehabt.*
> *Das hat sie aber nicht von jenem gehabt,*
> *der hat nämlich nicht mehr gekonnt (gehabt).*
> *Sie hat aber noch einen anderen gekannt (gehabt),*
> *der hat noch gekonnt (gehabt).*
> *Von dem hat sie auch das Kind gehabt.*
> *Und wenn sie den nicht gekannt (gehabt) hätte,*
> *dann hätte sie auch das Kind nicht gehabt.*

Obwohl das Spielen mit schwäbischen Wörtern Spaß macht, bleibt für viele die Sprache die Hauptursache für den schwäbischen Minderwertigkeitskomplex. Die erste Millionengewinnerin bei Günther Jauchs Quiz weigerte sich, Interviews zu geben, sie schämte sich wegen ihres schwäbischen Dialekts. Eine Stuttgarterin mit dem schönen schwäbischen Namen Ariane Willikonsky lebt von diesem Minderwertigkeitskomplex ganz gut. Sie verspricht Heilung von der schwäbischen Sprachkrankheit. Für 200 Euro »entschwäbelt« sie ihre Patienten und verspricht Erlösung von der schwäbischen Sprachkrankheit – in zehn Unterrichtsstunden. Die Nachfrage ist in den letzten Jahren gestiegen.

Aber auch andere deutsche Stämme haben Probleme mit ihrem Dialekt – wie die Geschichte von Sachsenkönig Kurt Biedenkopf zeigt. Der bestellte nach der Wiedervereinigung einen Imageslogan für sein neues Bundesland – bei der Berliner Werbeagentur »Scholz & Friends«. Sie gehörte übrigens dem Stuttgarter Ex-OB-Kandidaten Sebastian Turner. »Scholz & Friends« lieferten prompt. Und ihr Spruch kommt vielen Schwaben sicher vertraut vor:

»Wir können alles. Außer Hochdeutsch.«

Die Sachsen waren entsetzt – und lehnten dankend ab. Das ließ den schwäbischen Ministerpräsidenten aufhorchen. Erwin Teufel, ein sparsamer Schwabe, witterte »a Gschäft'le« und kaufte den Slogan, secondhand. Und so kam der Slogan über Umwege nach Baden-Württemberg. In der offiziellen Werbung der Landesregierung Baden-Württembergs verschmolzen mit diesem Spruch Minderwertigkeitskomplex und Größenwahn aufs Wunderbarste.

Ein bayerischer Ministerpräsident, der so eine Werbekampagne lanciert hätte, wäre höchstwahrscheinlich durch einen Volksaufstand aus dem Amt gejagt worden. Der Bayer spricht immer bayerisch. Egal ob er deutsch, englisch oder französisch spricht. Der Rest der Welt ist ihm egal. Anders die Schwaben. Die zweifeln gerne. An sich selbst, an der Welt und an der Politik – eigentlich ein Zeichen von Intelligenz.

Wenn Schwaben kritisch werden, wenn sie also ins »Bruddeln« kommen, steht ihnen eine Waffe zur Verfügung, die andere nicht haben: der Diminutiv »-le«. Der verniedlicht alles, macht es netter, freundlicher: »sodele«, »wasele?«, »jetztle!«[87]

---

87 Schwäbisch für: »so«, »wie bitte?«, »jetzt also!«

Aber Vorsicht! Es macht halt auch aus einem heroischen Horst ein unheldisches »Horschdle«, womit wir schon Ex-Bundespräsident Horst Köhler vom »Podeschdle«[88] geholt hätten. Was gar nicht nötig gewesen wäre. Köhler hat sich nämlich selbst zum »Horschdle« gemacht. Durch seinen Rücktritt. Eine beleidigte präsidiale Leberwurst. Andere kleiner machen – das ist die versteckte Leidenschaft vieler schwäbischer »Bruddler«. Heimlich, am Stammtisch – oder inzwischen auch im Internet. Dort ist ein wunderbares Video der Renner: Obamas erster Berlin-Auftritt im Jahr 2008. Ein schwäbischer Witz-

88 Schwäbisch für: kleines Podest

bold hat die Rede des damaligen Präsidentschaftsanwärters zur »Eigentümerversammlung Wilhelmstraße 48« umsynchronisiert – auf Schwäbisch. »Was mi echt nervt isch des Thema ›Fahrräder abstella em Hausgang‹! Bei ons stellt jeder Daggel, grad wie's em passt, sein Drohtesel en Hausgang nai!« Die Wirkung ist saukomisch. Obama, der Friedensnobelpreisträger, wird mit banalen Sätzen auf ein menschliches Maß reduziert. Das Video wirkt ätzend. Schwäbisch eignet sich überraschenderweise vorzüglich zur politischen Aufklärung.

Aber das ändert nichts daran: Die Schwaben sind ein schwieriger Haufen. Manches ist überzwerch, das heißt verdreht, verkehrt, verflixt. Es bestätigt sich halt immer wieder, was der schwäbische Mundartforscher Fritz Rahn festgestellt hat, »dass der schwäbische Stamm der schwierigste und rätselhafteste aller deutschen Stämme ist. In ihm sind die heftigsten Gegensätze zusammengespannt, oft treffen sich in ein und demselben Individuum äußerste Kühnheit mit befremdlicher Zaghaftigkeit, Rebellentum mit Philisterei, gewinnende Freundlichkeit mit verstimmender Räsheit[89], Geschicklichkeit mit Tollpatschigkeit, Standfestigkeit mit Labilität, Misstrauen mit Zutraulichkeit, Höhenflug mit Horizontlosigkeit.«

»Gell, da glozet Se!«[90] – Eine bessere Beschreibung des Schwaben gibt es bis heute nicht.

89 Schwäbisch für: Unnahbarkeit / 90 Schwäbisch für: »Das überrascht Sie, nicht wahr?«

Das schwäbische Schlüsselwort

»Ich sage nur: Arschloch!« Mit diesem legendären Satz hat im Wintersemester 1958 Professor Theodor Eschenburg in Tübingen seine berühmte Vorlesung über »Staat und Gesellschaft« in Deutschland eröffnet. Ich fand das irritierend. Viele andere Kommilitonen auch. Ein Professor, der im Hörsaal »Arschloch« sagt! Eigentlich ein Ding der Unmöglichkeit. Unruhe machte sich im Hörsaal breit. Sollte der trinkfreudige Staatsrechtler etwa schon zum Frühstück gesündigt haben?

Eschenburg aber blieb ganz ruhig. Dann wiederholte er seinen verwirrenden Anfangssatz: Er sagte das unakademische »Wort« noch einmal und er genoss die entstandene Verunsicherung sichtlich. Dann wiederholte er mit diebischem Vergnügen seinen Eröffnungssatz zum dritten Mal. Die Verwirrung erreichte ihren Höhepunkt, bis der kauzige Eschenburg schließlich grinsend die Katze aus dem Sack ließ: An diesem Tag, so behauptete er, hatte ein Ulmer Gericht entschieden, dass das inkriminierte Wort im Schwäbischen keine Beleidigung sei. Eine gelungene Überraschung und ein genialer Einstieg in seine Vorlesung. Völlig unakademisch. Der Professor als Entertainer. Danach legte er erst richtig los. Die Stunde wurde ein vergnüglicher Ausflug in die Geheimnisse der schwäbischen Politik. »Arschloch« war für ihn ein schwäbisches Schlüsselwort.

Das Wort gehörte früher zur Grundausstattung vieler schwäbischer Politiker. Reinhold Maier, erster Ministerpräsident Württemberg-Badens, machte damit sogar noch in den 1960er-Jahren in den Weinstuben des Remstals Wahlkampf: »Was habbet ihr Arschlöcher in der Weimarer Republik ned älles g'wählt, no könnet ihr jetzt au FDP wähla!«[91] »Arschloch« klingt auf Schwäbisch halt nicht so hart wie auf Hochdeutsch.

91 Schwäbisch für: »Was habt ihr Schlaumeier in der Weimarer Republik nicht alles gewählt, dann könnt ihr jetzt auch FDP wählen!«

Wenn er allerdings vor Honoratioren auftrat, drückte er sich etwas gewählter aus, dann sprach er nur von »Rindviechern«. Er wusste, was er wo sagen konnte.

»Wir werden von Arschlöchern regiert!«, hat Herbert Wehner 1972 öffentlich gestöhnt und unter anderem den Genossen Willy Brandt gemeint. Das klang brutal und bösartig. Wie gefährlich das Wort außerhalb des schwäbischen Sprachgebrauchs sein konnte, hat sich auch am ehemaligen außenpolitischen Berater von Kanzler Schröder erwiesen. Michael Steiner – ein Schwabe – hatte auf einer Moskaureise einen Oberfeldwebel des Kanzlerjets ein »Arschloch« genannt, weil er ihm nicht den gewünschten Kaviar besorgt hatte. Steiner musste daraufhin seinen Hut nehmen.

Ganz anders Joschka Fischer, der hat seine Karriere damit begonnen:»Mit Verlaub, Herr Präsident, Sie sind ein Arschloch!« Gemeint war Bundestagsvizepräsident Richard Stücklen. Ein Tabubruch im Bundestag, der Schlagzeilen und Fischer bekannt machte. Das klang fast anmutig, es war auf jeden Fall eine gelungene Edel-Injurie. Feinste schwäbische Schule. Er hat das Schimpfen schließlich in Öffingen bei Stuttgart gelernt.

»Arschloch« kann aber auch eine Art liebevoller Begrüßungsformel sein:»Ja sag mol, wo kommsch denn du alds Arschloch her?«[92] Es ist nur eine Frage der Betonung. Wenn der Schwabe Freude oder Überraschung ausdrücken will, muss häufig das Hinterteil herhalten. Dann sagt er:»Jetzt leck au mi am Arsch!«[93] Wenn einer»ausgschissa hot«, heißt das, dass er tot ist. Es kann aber auch bedeuten, dass er final verloren hat.

Banal, anal, scheißegal. Historisch auffällig geworden ist auch der Heilbronner Bürgermeister Hegelmaier, ein Rebell von rechts. Ein Deutschnationaler und Polit-Rabauke. Er war Ende des 19. Jahrhunderts der größte Streithammel im Land, der sich mit jedem anlegte. Staatsminister von Schmid ließ ihn sogar vom königlich-württembergischen Medizinkollegium auf seinen Geisteszustand hin untersuchen, das zu dem Ergebnis kam, dass er an»habitueller Streitsucht« leide.

1898 kandidierte er trotzdem für den Reichstag und gewann seinen Wahlkreis gegen den sozialdemokratischen Kandidaten. Als es danach durch protestierende Sozis zu Unruhen kam, ließ er die Feuerwehr ausrücken. Mit Wasserspritzen wurde der Marktplatz von Sozis gesäubert. Er selbst lieferte sich ziemlich angeschickert noch eine Schlägerei mit dem Bürgermeister von Abstatt. Hegelmaier war eine bizarre Figur. Ein fanatischer Autokrat. Aber blöd war er nicht. Nach seinem freiwilligen Rücktritt verabschiedete er sich mit einem spektakulären Aufschrei in Gedichtform.

---

92 Schwäbisch für:»Ja, sag mal – wo kommst denn du her?« Im Sinn von:»Schön, dich zu treffen! Schon lange nicht mehr gesehen!« / 93 Schwäbisch für:»Das ist aber schön/toll/o.ä.!«

Leckt mich am Arsch!
Ich blas aus Dir, Du Stadt der Krämerseelen,
heut meinen Abschiedsmarsch.
An Narrenstreichen wird es nie Euch fehlen,
doch mehr an Licht. Leckt mich am Arsch!

Mein Willkommen einst war fast zu überschwänglich,
der Abschied scheint vielleicht etwas zu barsch.
Das kommt daher: Wir kannten uns zu wenig,
jetzt aber nur zu gut. Leckt mich am Arsch!

Das saß. Lange wurde dieses Wutgedicht Hegelmaier zuge-schrieben. Inzwischen wissen wir: Es stammt nicht von ihm selbst. Er hat sich wohl von einem David-Friedrich-Strauß-Gedicht »animie-ren« lassen, um sich an den Heilbronnern zu rächen. Von einem politischen Gegner. Strauß, übrigens ein bedeutender Philosoph und Theologe des ausgehenden 19. Jahrhunderts, hat später mit »Das Leben Jesu« die besonders enge schwäbisch-pietistische Geis-teswelt aufgemischt. Jungfrauengeburt, Auferstehung und Himmel-fahrt – für ihn waren das keine historischen Tatsachen, sondern Mythen. Damals eine ungeheure Provokation für die etablierte Kirche.

Der »schwäbische Gruß« ist ziemlich deftig, aber wie man weiß: nicht schwäbischen Ursprungs. Er stammt von einem fränkischen Ritter – und ein Hesse hat ihn zum Klassiker gemacht. Goethe wusste als junger Dichter, was damals im »Sturm und Drang« bei den Zuschauern ankam. Honoratiorenschwaben erschauern heute noch immer, wenn sie das Zitat hören. Aber auch wegen des 3. Aufzugs in Goethes »Götz von Berlichingen« sind die Freilichtspiele in Jagsthau-sen noch immer ein Dauererfolg. Der Trick mit dem »dirty word« funktioniert noch. Die meisten Zuschauer warten gespannt auf den Auftritt und das berühmte Zitat: »Er aber, sag's ihm, kann mich im Arsche lecken!« Ein Theaterklassiker.

»Arschloch« ist auch ein Klassiker im Alltagsschwäbischen. Zum Beispiel in Augsburger Justizkreisen. Dort hatte ein Staatsanwalt seinen Delinquenten 2008 in einer Anklageschrift etwas rüde als »Arschloch« bezeichnet. Dagegen wehrte sich der Angeklagte. Und so sah sich der Vorgesetzte des Staatsanwalts herausgefordert, seinem Untergebenen eine karrierefreundliche Brücke zu bauen: Eine Beleidigung im juristischen Sinne, befand der Chefjurist, sei dieses »Arschloch« selbstverständlich nicht. Die beanstandete Anklageschrift sei dem Angeklagten nur versehentlich zugestellt worden. Deshalb fehle der Vorsatz. Und der sei für Beleidigungen unerlässlich. In den offiziellen Gerichtsakten wurde das »Arschloch« also gestrichen – und für das Gericht war alles wieder gut. Das muss man sich merken: »Arschloch« ist keine Beleidigung, wenn der Vorsatz zur Veröffentlichung fehlt.

Ein ähnliches juristisches Schlitzohr war der Ehinger Amtsrichter Tobias Mästle. Der hatte 2009 einen kniffligen Fall zu entscheiden. Ein Taxifahrer hatte einer Kundin den schwäbischen Gruß entboten. Und das war so gekommen: Der Taxler hatte ihren Zug verpasst, worauf die frustrierte Kundin wütend verlangte, dass er sie kostenlos zu ihrem eigentlichen Ziel kutschiere. »Leck mich am Arsch!«, war seine knappe Antwort und Stein des Anstoßes. Der Richter, ein richtiger Schelm, studierte daraufhin eifrig seinen Thaddäus Troll (»Deutschland deine Schwaben«) und sprach den Angeklagten frei. Bei Troll nämlich hatte er eine Begründung für sein Urteil gefunden: Der Satz diene – so Troll – unter anderem auch dazu, einem Gespräch eine neue Wendung zu geben oder ein Gespräch endgültig abzubrechen. Nichts anderes hatte der Angeklagte ja bezweckt.

»Arschloch« lässt sich indes noch steigern. Ein besonders großes nennt man »Jeses-Arschloch«. Jesus und Arschloch zu kombinieren – das hat was. Eine hochexplosive ketzerische Mischung. Gar Blasphemie. Befreiend eben. Fluchend versuchte man so einst, den Druck des pietistischen Miefs loszuwerden. Nirgendwo ist deshalb die Kunst des Schimpfens mit religiösen Anspielungen so zur Perfektion entwickelt worden wie im Schwäbischen: »Himmel-Herrgotts-Jeses-Kreiznagnagelts-ond-wieder-wegrissenas-Heilandssakkerments-Donderwedder-aberau«.

Das meistbenutzte schwäbische Schimpfwort aber ist »Seggl«. Eine vielseitig einsetzbare Allzweckwaffe. Wenn man nett sein will, sagt man: »Du Seggeles-Begg!« Und wenn's um Genauigkeit geht, kann schon mal a »Muggaseggele«[94] fehlen. Das ist noch harmlos. Wenn sich aber jemand »segglhaft« benimmt, dann geht's richtig los: Jenseitsseggl, Allmachtsseggl, Granadaseggl, Quadratsseggl, Schofseggl …

94 Schwäbisch für: Nuance

»Selber Seggl!«, hat der Ulmer OB Ivo Gönner schlagfertig einem geantwortet, der ihn einen Seggl genannt hatte. Der zeigte ihn daraufhin an. Das Verfahren wurde vom Oberstaatsanwalt eingestellt. Erstaunliche Begründung: Im Schwäbischen sei der Ausdruck keine Beleidigung.

Schwaben können aber auch ganz anders. Gefühlvoll, zärtlich und poetisch. Wie der Dichter Eduard Mörike:

Die linden Lüfte sind erwacht.
Sie säuseln und weben Tag und Nacht.
Sie schaffen an allen Enden ...

Mehr Frühling geht gar nicht. Gefühlvollste Schwärmerei und brutalste Sauereien sind nur die beiden Seiten einer Medaille. Die Kunst, ganz gewöhnlichen Darmblähungen einen lustvollen Abgang zu verschaffen, hat das Gemüt der Schwaben halt schon immer bewegt. So sollte ein Rottweiler Bürgermeister im 15. Jahrhundert vor dem österreichischen Erzherzog Sigismund eine Rede halten. Der Bischofssitz gehörte ja bis zum Reichsdeputationshauptbeschluss im Jahr 1803 zu Österreich. Im Eifer des Gefechtes entfuhr ihm aber, wie es in der Chronik heißt, ein lauter Furz. Geistesgegenwärtig drehte sich der Bürgermeister um und schimpfte:»Ja, schwätzet jetzt ihr oder i!«

Hier taucht zum ersten Mal der knitze Schwabe auf. Die liebevolle Beschäftigung mit Flatulenzen zeigt den analen und fäkalen Charakter des schwäbischen Witzes. Dazu passt der Tübinger Gôgenwitz. Gôgen gibt es praktisch keine mehr, aber ihre Witze leben weiter, weil sie bauernschlau, ein bisschen brutal und bodenständig sind. Sehr schwäbisch eben. Gôgen – das waren die Tübinger Wengerter, die in lustvoller Dauerfehde mit Studenten und Professoren lebten.

Eine Professorengattin beschwert sich über den Gestank aus dem Gülleloch. Der Gôg clever:»Han des i gschissa oder Sia?«

Ein Student hängt nach einer Sauferei am Geländer der Neckarbrücke und muss sich fürchterlich übergeben. Ein Gôg kommt vorbei:

»So isch recht. No's Arschloch g'schont!« Kurze Zeit später kommt ein anderer Gôg des Wegs und meint schelmisch. »Ned fudere – fische!«

Auch außerhalb des schwäbischen Sprachraums ist das Wort dabei, resozialisiert zu werden. Selbst in feinsten Wirtschaftskreisen findet es überraschend Anwendung – Dieter Zetsche, der Daimler-Boss, verriet der Süddeutschen Zeitung das Geheimnis erfolgreicher Manager: »Manchmal genügt es, kein Arschloch zu sein!« Übrigens: Viele Bank-Manager haben das bis heute nicht kapiert …

Für den aufstrebenden Staatsminister Christoph Palmer aber wurde der schwäbische Gruß zum Abschiedsgruß. Palmer, einer der treuesten Paladine Erwin Teufels, war damals der heißeste Tipp für dessen Nachfolge. Doch es kam überraschend etwas dazwischen, in einer Oktobernacht 2004. In dieser Nacht, als der Stuttgarter OB Wolfgang Schuster wiedergewählt worden war und der Trollinger reichlich floss, war Palmers Parteifreund Joachim Pfeiffer in das Anti-Teufel-Lager übergelaufen. »Arschloch!«, soll Palmer ihn beschimpft haben, und »du Drecksau«. Dann war der rechten Hand von Ex-Ministerpräsident Teufel auch noch dieselbe ausgerutscht und Punkt 22.32 Uhr – wie Zeugen berichteten – gleich dreimal im Gesicht seines Parteifreundes Joachim Pfeiffer gelandet. Der war nämlich beim Nachfolgestreit auf Teufel-komm-raus in das Oettinger-Lager übergelaufen. Ein Verräter. Das brachte ihm den Spitznamen »Back-Pfeiffer« ein – und dem »wortgewaltigen« Palmer den Rücktritt. Die CDU war damals noch eine ziemlich bodenständige Partei. Aber halt schon von Zweifeln angefressen, wie Palmers Rücktritt zeigt. Dieser hitzige politische Nahkampf mit rustikalen Kraftausdrücken war noch Klartext vom »Feinsten«, jedenfalls ein schicksalsträchtiges Ereignis. Oettinger ging zum Schluss als Sieger vom Platz. Ohne diese Ohrfeigen wäre die baden-württembergische Politik vielleicht ganz anders verlaufen – und den Christdemokraten womöglich Mappus erspart geblieben.

Abschied von der »Spätzles-Republik«

Es ist eine jener Bonner Legenden, die schriftlich nicht belegt werden können, weil sie nur von Mund zu Mund weitergegeben werden, die gelegentlich als Gerücht in Büchern auftauchen aber, trotz der schnelllebigen neuen Medienwelt, eine lange Lebensdauer haben – Legenden eben.

Vielleicht liegt es auch an der Flüchtigkeit des ungewöhnlichen Vorgangs, der in keinem Protokoll festgehalten wurde. Das Thema ist wohl auch zu anrüchig. Man schrieb das Jahr 1989.»Tatort« war die Bonner Landesvertretung Baden-Württembergs, die übrigens auf der Toilette ein berühmtes »Kotzophon« für die schwersten Stunden der Politiker bereithielt. Dort in der Vertretung gingen die Kampfhähne der Union verbissen aufeinander los.

Die Anhänger des damaligen Bundeskanzlers Helmut Kohl verdächtigten Baden-Württembergs damaligen Ministerpräsidenten Lothar Späth und seine Anhänger, gegen Kohl zu intrigieren. Wild wogte die Wortschlacht zwischen der »Kampfgruppe Kohl« und den »Späth-Sympathisanten« hin und her, als es auf einmal – wie Augenzeugen berichteten – saugrob und schwäbisch wurde. Ein unbekannt gebliebener schwäbischer Abgeordneter beendete die hitzige Debatte auf sehr ungewöhnliche Weise. Weil er für seine Schmähungen keine verbale Steigerung mehr fand, kämpfte er unter Einsatz seines Körpers weiter und ließ absichtlich – man muss es so derb sagen – einen lauten Furz. Das machte sprachlos und beendete den Streit.

Das war eine ungewöhnliche Wortmeldung und, aus heutiger Sicht, wohl eine der eigenwilligsten politischen Meinungsäußerungen der Bonner Republik. Was für Zeiten!

Jungen und ehrgeizigen Abgeordneten, die etwas werden wollten, wurde damals der gute Rat gegeben: »Lernet Se Schwäbisch!«[95] Schwaben besetzten in jenen Jahren viele wichtige politische Schlüsselstellungen – auch in der Ministerialbürokratie. Chronisten sprechen von einem kriegsstarken Bataillon. Mit über 400 Mann. Journalisten nannten diese ungewöhnliche Machtzusammenballung ironisch »Spätzles-Republik«. Theodor Heuss hatte mit seinem Timbre in der Stimme, als gutmütiger Onkel der Deutschen, Schwäbisch populär gemacht. Damals wäre kein Schwabe auf die Idee gekommen, sich wegen seines Dialektes zu genieren. Es war auch von einer »schwäbischen Mafia« die Rede – und das war durchaus als Kompliment gemeint.

Ihren Höhepunkt erreichte die »Spätzles-Republik« mit der Kanzlerschaft Kurt Georg Kiesingers. Der hatte in seiner Jugend Dichter werden wollen, nun war er »Deutschlands schönster Kanzler«. Ein gebildeter Mann, ein Feingeist, der die schwäbischen Grobheiten im Stillen verachtete und das auch zeigte. Mit seiner rhetorischen Raffinesse überbot er alle anderen Schwaben. Kiesinger – »die Callas des Bundestages« und »König Silberzunge« – wollte sich auch sprachlich von seinen schwäbischen Landsleuten absetzen. Während diese etwas breit »Beischbiel« sagen, pflegte der Sprachästhet konsequent ein fast Hannoveraner »Beispiel« zu artikulieren. Ein spitzes »S«. Mit einer völlig unschwäbischen Eleganz bewegte er sich auf der Bonner Bühne. Nicht Härte, sondern Inszenierung von Würde, war eine seiner großen Stärken.

In Stuttgart hatte er schon den Ministerpräsidenten wie einen Nerz getragen, den Kanzler aber trug er wie einen königlichen Hermelin. Er »ging« nicht einfach, er »durchmaß« Räume – mit royaler Haltung. Kein anderer Schwabe seit Barbarossa war so weit ins Zentrum deutscher Politik vorgestoßen. Dieser Gedanke schmeichelte ihm und er genoss ihn, hatte ihn de Gaulle doch anerkennend einen »Staufer« genannt. Seine Kritiker indes verglichen ihn gerne mit

95 Schwäbisch für: »Lernen Sie Schwäbisch!«

einem alternden Burgschauspieler.»Paul Hörbiger mit Richtlinienkompetenz«, hieß es abschätzig. Diese allerdings hat er nicht wahrgenommen, sondern sich auf die Rolle eines Moderators beschränkt – was ihm den Spitznamen »wandelnder Vermittlungsausschuss« einbrachte. Trotzdem, oder gerade deshalb, wurde seine Regierung die wohl erfolgreichste der Nachkriegszeit. Sie sanierte die Staatsfinanzen, verabschiedete das Stabilitätsgesetz zur Steuerung der Wirtschaftspolitik und erreichte wieder Vollbeschäftigung. Was – zugegeben – bei 372 000 Arbeitslosen im Dezember 1966 leichter zu erreichen war als im Jahr 2013 mit seinen drei Millionen.

Zur positiven Bilanz gehört auch: Ausgerechnet der von der Friedensaktivistin Beate Klarsfeld geohrfeigte Ex-Nationalsozialist Kiesinger hat die Ära Adenauer beendet und die Bundesrepublik damit aus der politisch-gesellschaftlichen Erstarrung der Nachkriegszeit befreit.

Bei der Wahl 1969 erreichte Kurt Georg Kiesinger stolze 46,1 Prozent. Scheinbar ein Triumph. Noch am Wahlabend feierten ihn seine Anhänger mit einem Fackelzug. Als Sieger ging er ins Bett – und als Verlierer wachte er am nächsten Morgen auf. Walter Scheel und Willy Brandt hatten in der Nacht die sozialliberale Koalition beschlossen. Sein Abgang war tragisch: Nur sieben Sitze fehlten ihm im Bundestag zur absoluten Mehrheit. Danach wurde er sein Verlierer-Image nie wieder los und den Machtverlust hat ihm die CDU bis heute nicht verziehen. Sein Vorgänger Ludwig Erhard, dessen hilfloser Umgang mit den Staatsfinanzen und den Arbeitslosen die Große Koalition 1966 erzwungen hatte, gilt dagegen heute wieder als angesehener Staatsmann.

Im Kabinett Kiesinger hatten vier Schwaben gesessen: Kiesinger selbst, Carlo Schmid von der SPD, Bruno Heck von der CDU und Erhard Eppler von der SPD. Noch schwäbischer war nur das Kabinett Helmut Schmidts: Volker Hauff, Kurt Gscheidle, Andreas von Bülow,

Rainer Offergeld – alle Sozis. Zusätzlich gab es zwei schwäbische Staatsminister und drei schwäbische Staatssekretäre – schwabissimo! Ausgerechnet unter einem norddeutschen Kanzler und mit Sozialdemokraten an der Macht fand die »Spätzles-Republik« ihre Vollendung. Mehr ging nicht. Danach ging es mit den Schwaben in Bonn bergab.

Zuvor hatte der Kampf um die Macht zwischen der CDU und der sozialliberalen Koalition einen zwielichtigen Schwaben ins Rampenlicht katapultiert: den CDU-Abgeordneten Julius Steiner aus Oberschwaben, jahrelang Vorsitzender eines dubiosen Vereins zur Förderung des Privateigentums. Dass er diese Aufgabe allzu wörtlich genommen hatte, wurde erst später bekannt. In einem entscheidenden Augenblick der Geschichte nämlich hatte er auf Jahre hinaus die Weichen der Bonner Politik gestellt und einen Kanzler Barzel verhindert. Beim Misstrauensvotum gegen Willy Brandt im Jahr 1972 hatte er sich der Stimme enthalten – angeblich weil er dessen Ostpolitik richtig fand. Nach der Wiedervereinigung kam heraus, dass Steiners Stimmhilfe für Brandt vom DDR-Geheimdienstchef Markus Wolf persönlich gekauft worden war. Für 50 000 Mark. Ob er die gleiche Summe noch einmal vom Wehner-Vertrauten Karl Wienand kassierte, blieb ungeklärt, ist angesichts seines Hanges zu Barem aber eher wahrscheinlich.

Es gibt ein dpa-Bild von der denkwürdigen Abstimmung am 27. April 1972. Da steht Steiner strahlend neben der gläsernen Urne und lächelt überlegen und süffisant in die Kamera. Es ist der Blick eines heimlichen Siegers, der zu denken scheint: Ich weiß mehr als ihr! Aber: Er wusste eben nicht alles. Steiner war nicht der Einzige, der gegen Barzel gestimmt hat. Abgeordnete waren damals billig zu haben. Dass es einen ziemlich schwunghaften Handel mit Abgeordneten gegeben hatte, konnte zwar nie bewiesen werden, es muss aber hinter den Kulissen mehr passiert sein. Eigentlich war Barzel sicher, eine Zwei-Stimmen-Mehrheit zu haben. Für den überraschenden Stimmenschwund sorgte, das legten die Rosenholz-Akten offen, ein weiterer Schwabe – wenn auch ein bayerischer: Leo Wagner, lange Geschäftsführer der CSU-Landesgruppe und Stasi-Agent. Weil sein Verrat verjährt war, wurde er nie juristisch überprüft. Nicht alle CDU-Strategen waren unglücklich über diesen »Schwabenstreich«, ebnete er doch den Weg für Helmut Kohl.

Der Niedergang der schwäbischen Macht in Bonn begann dann 1989 mit Lothar Späths fehlgeschlagenem »Putsch« gegen den Pfälzer. Geißler wurde entlassen, Späth resignierte. Der schwäbische Einfluss schwand. Unter Erwin Teufel setzte sich der Abwärtstrend fort. Er fremdelte in Berlin und wirkte verloren in der neuen Berliner Republik. Er hat einfach zu viel vom schwäbischen Bescheidenheitsgen mitbekommen. Das hatte zur Folge, dass er die Repräsentanz der Südschiene weitgehend Edmund Stoiber überließ. Der redete Bayern an die Spitze. Baden-Württemberg spielte fortan in der deutschen Öffentlichkeit nicht mehr die Rolle, die ihm von seiner wirtschaftlichen Bedeutung her eigentlich zugestanden hätte. Oettinger ist von »Mutti« Merkel nach Europa entsorgt worden und auch Kretschmann fühlt sich in Stuttgart wohler als in der deutschen Hauptstadt. Von der »Spätzles-Republik« ist in der Berliner Republik nicht mehr viel geblieben, sie ist nur noch eine schöne Erinnerung an ferne Bonner Zeiten. »Es war einmal …«

Teufels-Austreibung mit Späth-Folgen

Erwin Teufel war als Ministerpräsident nicht der Mann, der ein neues Selbstbewusstsein der Schwaben verkörperte. Dafür war er einfach zu altmodisch und provinziell. Er hat seine Karriere als Bürgermeister begonnen und eine Art Ober-Bürger-Meister ist er auch als Landeschef geblieben. Der Berliner Betrieb war ihm fremd.

Bundesweit fiel er ja nicht besonders auf. Irgendwie wirkte er wie aus der Zeit gefallen. Er musste schon nach Rom reisen, um Schlagzeilen zu machen: »Teufel beim Papst!«, hieß es dann in den Boulevardblättern. Ein Schlagzeilen-Gag. Und als die Wahl Benedikts XVI. mit der Demission Teufels zusammenfiel, titelten die Zeitungen: »Papst gewählt. Teufel tritt zurück.«

Was war das Geheimnis seines Erfolgs? Wahrscheinlich sein Erscheinungsbild. Er ist der am evangelischsten aussehende Katholik, den ich kenne. Von allen wählbar. Schlicht, bescheiden, frömmelnd und sparsam. Fast wie ein Pietist. Das war's wohl. Seine Lebensdevise lautete: »Ora et labora«. Auf Deutsch: »Arbeite und bete«. Das konnte auch Pietisten gefallen. Die »Teufels-Austreibung« aus der Villa Reitzenstein war dann, wie bereits geschildert, eine eher unappetitliche Geschichte.

Wie kleinkariert Schwaben sein können, zeigt sich auch am Schicksal seines Vorgängers – des umtriebigen und weltläufigen Lothar Späth, der auf noch unfeinere Art aus der Landespolitik hinauskomplimentiert worden ist. Späth hat das große Verdienst, Württemberg vom pietistischen Mief befreit zu haben. Er hat die Fenster aufgemacht und frischen Wind hereingelassen. Keiner seiner Vorgänger hat so schnell wie er Themen besetzt – und sie sich dann gelegentlich selbst überlassen. »Super-Lothar« war mal Kugelblitz, mal bauernschlaues Politkasperle, mal »Cluster-Cleverle«, er war auf jeden Fall immer schneller als die anderen, auch schneller weg. Und das nur, weil er gerne auf Lustreisen in den Flugzeugen von Wirtschaftskapitänen mitflog.[96] Ums Amt gebracht wurde er übrigens von einem enttäuschten Parteifreund, es war wohl »Gottvater« Merkle von Bosch persönlich, der die Affäre den Journalisten zuspielen ließ. Franz Josef Strauß soll sich halb totgelacht haben.

Späth spricht übrigens ein sehr selbstbewusstes Honoratiorenschwäbisch, hält es aber wahrscheinlich für Hochdeutsch. Nach dem missglückten Putsch gegen Kohl in Bremen 1989 ärgerte er sich über seine Mitkombattanten Geißler und Süssmuth: »Mit dene ko mer koi o'bsetztes Scheißhäusle stürma!« Und dem »Feinschmecker« verriet er das Geheimnis der schwäbischen Küche: »Dr Kartoffelsalat muss soichnass sai ond der Wai furztrocka!«[97] Schwaben sind ja bekanntlich Nass-Esser. Alles muss in eine »Briah odder en a Sößle neidongt wärre«[98].

Und da wären wir schon bei Günther H. Oettinger. Die Schwaben haben ihn ja jetzt los. Seitdem haben es die Simultandolmetscher in Brüssel sauschwer. Louis de Funès war bekanntlich »Gendarm in Saint Tropez« – Baden-Württembergs Ex-Ministerpräsident, der in seiner Fahrigkeit gelegentlich an den französischen Komödianten erinnert, ist jetzt Kommissar in Brüssel. Der Schwabe in Europa schwätzt noch immer schneller als er denkt – so einen nennt man auf gut Schwäbisch einen Schnellschwätzer. Bei ihm geraten gelegentlich Hirn und Gosch in Konflikt. Sätze purzeln ihm dann wie Sturzgeburten aus dem Maul – gepresst, genäselt und genuschelt. Wenn man ihm zuhört, hat man das Gefühl, er spricht so undeutlich, weil er gar nicht verstanden werden will. Vielleicht denkt er auch gar nichts und will das Nichtgedachte möglichst schnell wieder loskriegen – in seiner ureigenen Sprache dem »Schw... öttingerisch«.

Und wenn er einmal etwas denkt, verlässt ihn sein politisches Gespür – wie bei der Beerdigung von Hans Filbinger. Am 11. April

---

96 Die sogenannte »Traumschiff-Affäre« führte am 13. Januar 1991 zum Rücktritt von Lothar Späth als Ministerpräsident von Baden-Württemberg, nachdem bekannt wurde, dass Lothar Späth vom Chef des Unternehmens SEL eine Reise in die Ägäis bezahlt bekommen und das Flugzeug des Unternehmens kostenfrei genutzt hatte. / 97 Schwäbisch für: »Der Kartoffelsalat muss richtig nass sein und der Wein schön trocken!« / 98 Schwäbisch für: in eine »Brühe oder in eine Sauce eingetunkt werden«

2007 sorgte Oettinger, damals noch Ministerpräsident, für einen Skandal, als er in seiner Trauerrede zum Begräbnis von Hans Filbinger diesen als »einen Gegner des NS-Regimes« bezeichnet hatte.[99] »Wir können alles, außer Geschichte«, höhnte die Berliner »taz«.

Auf Oettinger ist Verlass: Wenn sich irgendwo ein Fettnäpfchen auftut, tritt er hinein. Auch auf dem Brüsseler Parkett. Nach einem feucht-fröhlichen Empfang bei den Briten hat er seinen genialsten Vorschlag als Kommissar gemacht: Die Fahnen der europäischen Schuldenmacher sollten zur Strafe auf Halbmast gesetzt werden.

99 Filbinger war 1978 als Ministerpräsident von Baden-Württemberg zurückgetreten, nachdem mehrere Todesurteile gegen Deserteure bekannt geworden waren, an denen er als NS-Marinerichter gegen Ende des Zweiten Weltkriegs mitgewirkt hatte.

Dazu Kommissionspräsident Barroso höhnisch:»Der Karneval ist vorbei!« Oettinger ist der größte Comedian unter den schwäbischen Politikern. In Erinnerung bleibt seine berühmte»Berliner Rede«vom Dezember 2009 anlässlich einer Konferenz der New Yorker Columbia University. Damals hat er – auf Englisch – die Oettingerische Weltformel gefunden:»Everything hangs together with everything!« In Berlin wollte Oettinger für das europäische Parkett üben – das ging prompt in die Hose. Er stand vor seinem englischen Redemanuskript wie a »g'lopfter Stallhas«[100] – und versetzte die Schwaben in eine Art Reservat:»In my homeland Baden-Württemberg we sit all together in one boat!«

Wie Oettinger hat auch sein Nachfolger versucht, sich ins Ausland abzusetzen. Stefan Mappus wollte Drogenhändler in Brasilien werden. An der Copacabana wollte er Pillen für den Pharma-Multi Merck verkaufen. Aber auch das ging schief. Risiken und Nebenwirkungen seines politischen Schaffens konnte man danach im Stuttgarter Landtag besichtigen: im Untersuchungsausschuss zu seinem Verfassungsbruch.

Die baden-württembergische CDU ist seit der Landtagswahl 2011 im Ausnahmezustand: keine Dienstwagen mehr, keine Pöschtla[101], kein Einfluss. Und dann auch noch Stuttgart! Hier hat es bei der letzten OB-Wahl nicht einmal mehr für einen eigenen Kandidaten gelangt. Ein Überparteilicher musste als»Vor-Turner«herhalten: Sebastian Turner, ausgerechnet er, der Werbemanager und Vater des Slogans»Wir können alles. Außer Hochdeutsch!« Der konnte aber alles außer Wahlkampf. Und ihn hat's auch prompt verbrezelt.[102]

Ute Vogt, Günther Oettingers langjährige badische Gegenspielerin im Stuttgarter Landtag, redete langsamer, aber auch ohne großen Erfolg. Sie war lange das Aschenputtel der baden-württembergischen Landespolitik. Bei ihr wurde alles zu Asche, ohne dass es vorher gebrannt hätte. Das ist irgendwann auch den Genossen aufgefallen. Deshalb landete sie als Bundestagsabgeordnete in Berlin. Konse-

---

100 Schwäbische Redewendung für»wie ein begossener Pudel« / 101 Ämter

quenterweise hat aber auch ihr Nachfolger kaum politisches Profil entwickelt, was nicht weiter stört, denn die SPD will Wahlen ohnehin nicht gewinnen. Für sie gilt schon seit Jahrzehnten: Dabei sein ist alles.

Auch Erhard Eppler war als Kandidat gescheitert. Er hat es jedenfalls nicht geschafft, Ministerpräsident zu werden. Dafür ist Erhard Eppler, der zunehmend Walfängerkapitän Ahab, dem Jäger von Moby Dick, gleicht, inzwischen zum Gewissen der SPD geworden. Das war er eigentlich schon immer, nur die Partei hat's lange nicht gemerkt. Eppler, der spröde, gelegentlich ungelenk und sperrig wirkende Mann, ist das glatte Gegenmodell eines stromlinienförmigen Politikers. Als »Pietcong« hat ihn deshalb einst der »Zuchtmeister« der SPD, Herbert Wehner, zu diffamieren versucht. Eppler hat sich darüber immer amüsiert – wie er mir im Interview sagte. Weil er ein entschiedener Gegner der Pietisten war. Das Image hat er allerdings nicht mehr losgekriegt. Ein kluger, sympathischer Mann – heute nennt man ihn zu Recht eine moralische Instanz.

Der Nils Schmid, der neue SPD-Chef, ist dagegen ein Magier! Mit dem schlechtesten SPD-Ergebnis aller Zeiten sitzt er in der Regierung! Und bleibt ein Rätsel: Fast unbemerkt von der Öffentlichkeit regiert er einfach vor sich hin. In geheimer Mission – sozusagen undercover.

Jahrzehntelang galt ein ehernes Gesetz: Der Schwabe war von Geburt an CDU. Dafür wurde er vom Staat reich belohnt. Er hat ein Haus und einen »Daimler«, eine Eigentumswohnung für die Kinder und einen Bausparvertrag für die Reparaturen. Mancher Schwabe war aber auch in der FDP. Das war nicht weiter schlimm, denn die FDP ist ja eigentlich auch CDU, aber eben CDU »light«. Mit vielen Leichtmatrosen an Bord. Eigentlich war ja die CDU für die Bergpredigt zuständig, aber christlich regieren, das war halt doch zu anstrengend. Das Christliche im Firmenschild war immer schon Fassade.

102 Sebastian Turner unterlag im zweiten Wahlgang der Stuttgarter Oberbürgermeisterwahl 2012 dem für die Grünen angetretenen Fritz Kuhn. Sein Wahkampf-Symbol war eine Brezel.

Aus Enttäuschung wählen deshalb viele Söhne und Töchter der Regierenden die Grünen. Die glauben noch an etwas – wenn auch nicht ganz klar ist: an was? Winfried Kretschmann, der grüne »Teufel«, sieht ein bisschen so bieder aus, als wollte er die Kehrwoche wieder einführen. Der »Moses von Sigmaringen« hat seinen Trupp 30 lange Jahre durch die schwarze Wüste geführt, bis er endlich im »Gelobten Land« angekommen ist. Politisch sagt der »Philosophenkönig« nicht viel. Wenn er aber etwas sagt, dann klingt das immer bedeutend und irgendwie nach »Urbi et Orbi«.

Wenn er oben bleiben will, muss er tiefer legen – den Stuttgarter Hauptbahnhof. So hat es das Volk beschlossen. So ist es halt mit der Politik des »Gehörtwerdens«. Die Wähler haben sich übrigens äußerst pfiffig verhalten. Sie wählten die Grünen mit knappem Vorsprung, lassen sie aber, zur Strafe für so viel eigene politische Frivolität, den Tiefbahnhof bauen. Die Politik ist eben kein Wunschkonzert und Baden-Württemberg kein Christenstaat, kein »Christianopolis«, wie es einst dem pietistischen Vordenker Johann Valentin Andreae vorschwebte. Eher eine Art »weltliches Paradies« – das wohlhabende Musterländle. Man könnte dieses System vielleicht auch »schwäbischen Sozialismus« nennen. In Anlehnung an das chinesische Modell. 58 Jahre lang regierte die CDU – und gewisse Parallelen sind nicht zu übersehen: »Gemeinsam reich werden!« Mit diesen Worten hat nämlich der langjährige chinesische Parteichef Deng Xiaoping einst den Sozialismus neu definiert und China auf die Erfolgsschiene gesetzt. Eine schöne Definition. Mancher wird halt reicher.

Ein alter Hut in Stuttgart. Die CDU regierte nach diesem Kader-Prinzip 20 997 Tage lang. Und in der regierungsamtlichen Werbung hieß es lange frech: »Natürlich ist in Baden-Württemberg nicht alles wie im Paradies. Vieles ist besser!«

In der Champions League

Nirgendwo in Deutschland gibt es so viele mittelständische Weltmarktführer wie im Schwäbischen. Wer hier etwas gelten will, muss in der Champions League spielen. Die ehrgeizigen Bosse dieser mittelständischen Unternehmen wollen die Ersten sein, die Besten, die Erfolgreichsten – Weltmarktführer eben. Weltmarktführer ist eine Art selbst verliehener Adelstitel. Ein Ersatz dafür, dass sie meist unbekannt bleiben, weil sie Maschinen herstellen, mit denen man wieder Maschinen baut. Ihre Produkte sind nicht so sexy wie die von Daimler oder Porsche, aber sie sind in aller Welt begehrt. Kein Wunder, dass die »Region Stuttgart«, ein Zusammenschluss der fünf an die Landeshauptstadt angrenzenden Landkreise, die weltweit höchste Exportquote im verarbeitenden Gewerbe aufweist. Globalisierung ist hier schon lange eine Selbstverständlichkeit.

Um erfolgreich zu sein, muss man cleverer sein als die Konkurrenz, effektiver, zuverlässiger, besser halt. Besser auch als die von Managern geführten Großunternehmen, die nicht mit ihrem Privatvermögen haften. Diese unbekannten Champions verweigern sich dem »Shareholder Value«, widerstehen den Verlockungen des schnellen Börsengelds, haben ihre Betriebe in GmbHs statt in AGs organisiert, sind selbstständig im schönsten Sinn des Wortes und deshalb immun gegen Heuschreckenplagen. Sie sind die heimlichen »Helden« der schwäbischen Wirtschaft, die »hidden champions«. Einige von ihnen kennt man: Stihl mit seinen Motorsägen zum Beispiel, Kärcher mit seinen Hochdruckreinigern und – quadratisch, praktisch, gut – die Schokolade der Öko-Firma Ritter.

Star der Branche aber war lange Berthold Leibinger, Weltmarktführer – versteht sich. Ein Schwabe wie aus dem Bilderbuch. Er ist fleißig, sparsam und bescheiden, ein anerkannter Kenner und Förderer des Werkes von Erich Kästner, des großen deutschen Schriftstellers und Moralisten. Es überrascht, dass es noch solche Leute in der Wirtschaft gibt. Er hält nichts von Statussymbolen, obwohl er zu den Reichsten gehört. Er hat keine Yacht, kein Schloss und er spielt auch nicht Golf. Ihm genügen sein Konzern und die Anerkennung, die er für seine Leistung weltweit bekommen hat. Schwäbischer geht es fast nicht. Leibinger ist der gute Mensch von Ditzingen. Dort befindet sich der Stammsitz seines Unternehmens, unweit vom »heiligen Korntal«, dem »schwäbischen Jerusalem« der Pietisten. Von hier stammt er. Aber die pietistische Welt war ihm immer schon zu eng, vor allem der platte Pietismus der Weltflucht.

Den Geist des Pietismus dagegen hält er für vorbildlich und für eine ungewöhnlich produktive Kraft: Fleiß, Sparsamkeit, Frömmigkeit und Bescheidenheit. Der Pietismus mag als öffentliche Leitkultur abgedankt haben, heimlich wirkt er halt doch weiter.

Leibingers Trumpf-Konzern ist heute Weltmarktführer in der Lasertechnik. Laser ist gebündeltes Licht. Bringt man diese Energie auf den Punkt, ist sie viel schärfer als die schärfste Metallklinge. Mit dieser Lasertechnik aus Ditzingen lassen sich riesige Kreuzfahrtschiffe, Flugzeugturbinen, PC-Gehäuse, aber auch 0,5 Millimeter dünne Injektionsnadeln herstellen. Laser und ein geläuterter Geist des Pietismus haben Trumpf an die Weltspitze gebracht.

Leibinger gibt selten Interviews und er geht nicht in Talkshows. Seine Lebensparole lautet: »Schaffa, ned schwätza!«[103] Mit dieser schwäbischen Geschäftsphilosophie hat er es weit gebracht. Als Lehrling hat er bei der Maschinenfabrik Trumpf in Ditzingen angefangen, damals ein »Fabrikle«. Heute ist er der Besitzer und die Firma ein »Global Player«. Er ist ein Tüftler vor dem Herrn. Schon mit seiner Diplomarbeit hat er die Firma Trumpf revolutioniert. Weitere Erfindungen folgten, im Laufe seines Lebens sind es mehr als hundert geworden. Und schlau wie er ist, hat er sich seine Patente nicht versilbern, sondern mit Anleihen an der Firma vergüten lassen – bis sie

---

103 Schwäbisch für: »Arbeiten, nicht reden!«

ihm schließlich gehörte. Leibinger hat ein außergewöhnliches Gespür für Entwicklungen. Er war einer der ersten Unternehmer, der sich in Japan mit den Japanern auseinandergesetzt hat und der China als Markt entdeckte. Zwei Drittel seines Umsatzes macht Trumpf heute im Ausland – und ist dabei ein Familienbetrieb geblieben. Aktien sind für ihn »Teufelszeug. Ich glaube nicht daran, ohne Arbeit reich zu werden.« So könnten auch echte »Pietcongs« reden.

Und Leibinger hat ein Tabu gebrochen, das unter schwäbischen Wirtschaftspatriarchen lange als unumstößlich galt: Während noch der alte Breuninger seiner Tochter die Nachfolge im Konzern verwehrte, hat Leibinger seine Tochter zur Nachfolgerin bestimmt. Sie hat die Firma erfolgreich durch die wirtschaftlichen Turbulenzen der letzten Jahre geführt. Auch im fortgeschrittenen Alter hat er »sei Händle«[104] behalten.

Atemberaubend ist auch der Aufstieg eines Reinigungsspezialisten von Weltformat. Kein Zufall, dass auch er aus dem Land der Kehrwoche kommt, wo Sauberkeit lange ein Fetisch war, Putzen eine Lebenshaltung. Die Firma Kärcher aus Winnenden kehrt längst nicht mehr nur vor der eigenen Haustür, sondern putzt auf dem ganzen Globus. Und das statt mit Besen mit Hochdruckreinigern in allen Größen.

Auch die Strategien der Firma Kärcher sind Indiz für die Herkunft des Konzerns. Seine Putztruppen haben werbewirksam die in Stein gehauenen amerikanischen Präsidenten am Mount Rushmore wieder auf Hochglanz gebracht. Solche Aktionen bedeuten Schlagzeilen und sind kostenlose Werbung, sodass die Firma ihre Ausgaben für Marketing auf bescheidene drei Prozent beschränken kann. Hier gehen schwäbische Schläue und Sparsamkeit Hand in Hand.

Als Frankreichs Ex-Präsident Sarkozy in seiner Zeit als Innenminister drohte, die aufmüpfigen Pariser Vorstädte »nettoyer au Kärcher«, also »auszukärchern«, protestierte die Firma. Das ging den Saubermännern aus Winnenden nun doch zu weit. Sie wehrten sich,

104 Schwäbisch für: Gespür, Intuition

politisch missbraucht zu werden – was natürlich ein bisschen schein-heilig war, aber auch eben »knitz«. Der Protest machte Schlagzeilen, der Name Kärcher stand wieder einmal werbewirksam in allen Zeitungen. Gut fürs Geschäft. Wer hat schon einen Innenminister als Werbestar? Und das umsonst!

Cleverness, Frömmigkeit und Geschäftssinn. Diese Kombination hat aus der kleinen Firma einen Weltmeister gemacht. Roland Kamm, der Kärcher in etwas mehr als 20 Jahren von einer kleinen Klitsche zum Weltkonzern führte, war ein frommes schwäbisches »Schlaule«[105] mit einem wachen Sinn für den Weltmarkt. Gott spielte für ihn lange Zeit eine große Rolle, in der Erfolgsfirma aber auch moderne Managementmethoden. Kärcher hat keine Angst vor den Chinesen, Innovation sei die beste Waffe gegen Billigkopien, sagt man in Win-nenden. Und Dreck – wird es immer geben.

Ein ganz anderer Typ ist Reinhold Würth. Der Mann hat viele Schrauben locker und die verkauft er auch noch. Nicht ein paar, son-dern Milliarden. Natürlich ist er Weltmarktführer – Schraubenkönig. Das klingt aber nicht weltläufig genug, deshalb nennt sich der Konzern »weltweit größter Direktvertrieb für Montage- und Befesti-gungstechnik«.

Würth ist nicht nur Weltspitze, er ist auch der unumschränkte Herrscher von Künzelsau, von Spöttern gerne »Würths-Burg« ge-nannt. Und selbst im benachbarten Schwäbisch Hall wirkt die renom-mierte Bausparkasse mittlerweile bloß wie ein biederes »Spardösle« im Vergleich zu Würths Strahlkraft. Die Gewerbesteuerzahlungen sind im Jahr 2002 dramatisch eingebrochen und haben die Stadt schlagzeilenträchtig an den Rand des Ruins getrieben. Während Schwäbisch Hall auf »diese Steine nicht mehr bauen kann«, blüht die Stadt unter Würths Geldsegen geradezu auf. Mit »Kunsthalle« und »Airport«. Würth ist laut US-Magazin »Forbes« mit einem Privatver-mögen von sechs Milliarden Dollar im Jahr 2013 einer der reichsten Männer der Welt.

105 Schwäbisch für: listiger Mensch mit Hang zur Besserwisserei

Mit dem Pietismus hat er indes nicht viel am Hut, aber auch er ist ein Mann des Glaubens. Streng neuapostolisch. Schon lange wohnt er standesgemäß in einem Jagdschloss, das er dem Fürsten von Hohenlohe-Öhringen abgekauft hat. Und im Gegensatz zu vielen anderen Reichen zeigt er seinen Reichtum gern – auch sein liebstes Spielzeug, eine »Falcon 50EX«. Oft sitzt er selbst hinter dem Steuerknüppel. Als »Schwabe«, obwohl im fränkischen Hohenlohe geboren, bleibt für ihn Sparsamkeit oberstes Gebot. Dem Magazin Stern hat er erzählt, dass er der Schweizer Flugsicherung gelegentlich ein Schnäppchen schlägt – um Sprit zu sparen. Frech nennt er nicht Schwäbisch Hall als Flugziel, sondern Nürnberg. So kann er länger in Sprit sparender Höhe dahin gleiten und muss erst später in den Sinkflug übergehen. Im Sinkflug braucht die »Falcon« wesentlich mehr Kerosin. Es heißt ja, der Spartrieb der Schwaben sei stärker als ihr Sexualtrieb. Auch bei Milliardären.

Würth ist Selfmademan. Ein Motivator und ein »Cleverle«. Er knausert nicht, wenn es um eine Belohnung für erfolgreiche Mitarbeiter geht. Um Gewerkschaften möglichst aus seinen Betrieben zu halten, zahlt er über Tarif. Ansonsten heißt das Erfolgsgeheimnis: Konzentration auf die eigenen Stärken. Seine Kunden sind Handwerksbetriebe. Er hört genau zu, was diese Betriebe brauchen und er liefert in solider schwäbischer Qualität. Zu etwas höheren Preisen. 95 Prozent der Waren, die er verkauft, stellt er nicht selbst her. Er lässt produzieren. Verkaufen – das ist seine Stärke. Inzwischen in 80 Ländern der Erde. 65 000 Menschen rund um den Globus arbeiten für ihn.

Eine erstaunliche Karriere: vom Künzelsauer Zwei-Mann-Schraubenladen zur Nummer 1. Aber Erfolg verführt auch dazu, abzuheben und sich eine ganz eigene Welt zusammenzuschrauben. Da kann es schon mal vorkommen, dass der »Global Player« die in- und ausländischen Steuergesetze durcheinander bringt und sich der Staatsanwalt für den Milliardär interessiert – und ein Gericht ihn sogar verurteilt. Wegen Steuerhinterziehung.

Die Höhe der Strafe wurde übrigens nie veröffentlicht. Sie fällt unter das Steuergeheimnis. Würth, der Kunstmäzen, der Big Spender, der sich als Wohltäter versteht, ein Steuersünder? Das will ihm nicht in den Kopf, das verbittert ihn. Obwohl er mit einem blauen Auge davongekommen ist – und sich wieder einmal bestätigt, dass vor dem Gesetz eben doch nicht alle gleich sind. Manche sind »würthiger«. Der Milliardär ist wegen der Verurteilung trotzdem wütend und wenn er wütend ist, dann hilft ihm sein kerniger Dialekt. Gegner und Kritiker pflegt er dann als »Dipfelesscheißer«[106] zu beschimpfen. Auch ein Hohenloher Milliardär greift in schwierigen Situationen auf die »Basics« des Schwäbischen zurück. Und »Scheiße« gehört nun einmal dazu.

Ein Schimpanse, ein Herrendarsteller wie aus dem Modejournal, das Ganze in Schwarz-Rot-Gold. Der auffällige Fernsehspot läuft kurz vor der »Tagesschau«. Clever platziert von Wolfgang Grupp, dem Chef von Trigema, dem ganz anderen Schwaben. Er beherrscht die Kunst der Selbstdarstellung – und noch ein bisschen mehr. Mal ist er selbstverliebter Pfau, mal seriöser Unternehmer. Schon das Einstecktuch trägt er nicht dort, wo der ganz gewöhnlich modebewusste Herr es platziert: Grupp hat sich vom Schneider im Jackenrevers eigens ein Täschchen einbauen lassen. Er betont eben das Besondere, mag es auch noch so irritierend und deplatziert wirken, Hauptsache es sorgt dafür, dass sein Träger auffällt. An diesem Mann ist vieles verwirrend. Er ist Schwabe, und doch ein ziemlicher Angeber, auf gut Schwäbisch: ein arger »Sparrefandel«[107]. Das Gegenmodell zu Leibinger.

Das macht neugierig. Grupp hat nichts Frömmelndes an sich, obwohl er streng katholisch ist. Er ist notfalls laut und aufdringlich wie sein Spot im Fernsehen. Aber er sichert auch deutsche Arbeitsplätze und er sagt das stolz und selbstbewusst. Überhaupt lobt er sich gerne selbst, was sicher nicht stilvoll, aber wirksam ist. Er ist der Schrecken vieler deutscher Manager und Unternehmer, denen er,

106 Schwäbisch für: Korinthenkacker / 107 Schwäbisch für: Schwadroneur

von Talkshow zu Talkshow, Verantwortungslosigkeit und Unfähigkeit vorwirft. Statt über die Globalisierung zu jammern, hat er sein eigenes Erfolgsmodell erfunden: Anti-Globalisierung auf Schwäbisch. Trigema produziert seit eh und je T-Shirts, Tenniskleidung und Trainingsanzüge mit 1200 Mitarbeitern auf der Zollernalb. Seit mehr als 30 Jahren hat Grupp aus betriebswirtschaftlichen Gründen keinen Einzigen entlassen. Es gab auch nie Kurzarbeit.

Wenn man ein wenig an der Oberfläche kratzt, kommen auch bei Grupp alte schwäbische Tugenden zum Vorschein. Seine Firma ist schuldenfrei, die Eigenkapitalquote beträgt 100 Prozent – Firmen gelten schon als solide, wenn die Quote 30 Prozent beträgt. Er produziert auch seine Stoffe noch selbst. Wenn man bedenkt, dass die deutsche Textilindustrie 90 Prozent ihrer Waren im Ausland herstellen lässt, klingt das unfassbar. Auch Grupp ist halt das, was man im Schwäbischen ein »Schlaule« nennt.

Fast noch unfassbarer ist aber, wie neureich er prunkt und protzt. Sein »Häusle«, eine reetgedeckte Villa, steht auf einem 25 000 Quadratmeter großen Grundstück und der Pool misst beachtliche 45 Meter. Er fährt selbstverständlich einen dicken Mercedes, hat eine Baronesse als Ehefrau und eine hauseigene Kapelle im Garten. Gelegentlich überrascht er seine Unternehmerkollegen, wenn er zur Jagdparty mit Hubschrauber und englischem Butler einschwebt. Der »Heli« ist Statussymbol und Dienstflugzeug, mit dem er zur Inspektion von einem Trigema-Shop zum nächsten fliegt. Ein seriöser »Luftikus« und in geschäftlichen Dingen ein harter Knochen. Auch gegenüber seinen Mitarbeitern. Grupp, der Überflieger, wird getrieben von einem fast exhibitionistischen Selbstdarstellungsdrang – was eigentlich als völlig unschwäbisch gilt. Aber: Wolfgang Grupp ist Katholik. Und die katholischen Schwaben waren halt immer schon etwas anders als die protestantischen Neckarschwaben. Barocker, lebensfroher – aber eben doch auch Schwaben. Sein Luxusleben ist für ihn jedenfalls kein ernstes Problem. Selbstzweifel plagen ihn nicht. »Wenn man von morgens bis abends für sein Geld ordentlich schafft, dann neidet einem das keiner.« Sagt Wolfgang Grupp, der etwas andere Schwabe.

Die »Heuschrecke« vom Blautopf

»Er hat nimmer können«, hat seine Frau Ruth dem evangelischen Pfarrer von Blaubeuren anvertraut. Alle hatten ihn enttäuscht. Die Banken, die Politiker, sogar seine eigenen Söhne. Er sei ein gieriger Spekulant, höhnten die Zeitungen, ein Abzocker. Die Politiker verweigerten ihm staatliche Sicherheiten. Die Banken hatten ihn abgeschrieben und gedemütigt. Er hatte unterschreiben müssen, dass er Ratiopharm verkauft – das Herzstück seines Imperiums. Er fühlte sich ohnmächtig. Er konnte nicht mehr. Aus Verzweiflung warf er sich vor den Regional-Express 22344 zwischen Ulm und Riedlingen. Ein grausames Ende.

Adolf Merckle war das erste prominente Opfer der Finanzkrise 2009. Aber auch das Land, in dem er lebte, traf der Finanz-Tsunami besonders hart. Härter jedenfalls als den Rest der Republik. Um 7,4 Prozent brach die Wirtschaft in Baden-Württemberg damals ein. »Adele, Musterländle!«, ätzte zum Beispiel die Süddeutsche Zeitung. Die »Wir können alles«-Werbung wurde zum viel zitierten Bumerang. Die Misere war nicht mehr zu beschönigen: Das Ländle ging durch die schwerste Wirtschaftskrise seiner Geschichte. Die Stärke von gestern war in der Krise zur Schwäche geworden. Das Land der Weltmarktführer machte plötzlich Schlagzeilen als Land der Kurzarbeiter. Häme machte sich breit. Daimler, Bosch, Mahle und eben Merckle steckten in einer schweren Krise.

Mit Adolf Merckle hat die Finanzkrise dann ein Gesicht bekommen. Der Milliardär, laut Forbes-Liste 2008 noch der fünftreichste Deutsche, war auf jeden Fall einer der reichsten Schwaben. Ausgerechnet er, der öffentlichkeitsscheue und fromme Herr über ein undurchschaubares Firmenimperium. Der Ratiopharm-Merckle, der

HeidelbergCement-Merckle, der Phoenix-Merckle, der Kässbohrer-Merckle, der größte Waldbesitzer Deutschlands. Der Ehrenbürger von Ulm und Blaubeuren. Der Ehrensenator der Universitäten Ulm und Tübingen. Mehr Ehre ging fast nicht. Und dann das: Selbstmord. Nach seinem Freitod ist viel Unsinn über Merckle geschrieben worden: schwäbischer Traditionalist, schwäbischer Pietist, schwäbischer Patriarch. Alles daneben.

Merckle war alles andere als ein Traditionalist. Er war auch kein schwäbischer Mittelständler. Er war die erste schwäbische »Heuschrecke«, längst bevor Hedgefonds in Deutschland zugelassen wurden. Allerdings hatte er sich raffiniert als Schwabe getarnt.

Er kaperte mit Vorliebe Firmen, die er für unterbewertet hielt und finanzierte diese Eroberungen auf Pump. Wie das die Hedgefonds machen – mithilfe der Banken und mit Aktien anderer Firmen als Sicherheit. Das war das Merckle-Prinzip. So eroberte er zuletzt HeidelbergCement, das ihm zum Verhängnis werden sollte. Und so war sein Imperium entstanden, das im letzten Jahr seiner Existenz mit einem Umsatz von 30 Milliarden Euro glänzte und 100 000 Mitarbeiter beschäftigte.

Seine Geschäftsmethoden indes waren so undurchschaubar wie das Geschäft mit Derivaten. Intransparenz galt als oberstes Gebot, es war sozusagen Merckles Betriebsgeheimnis – ein cleverer Wirtschaftshallodri. Während Hedgefonds in Deutschland noch als amerikanisches Teufelszeug galten, war das Merckle-Imperium längst einer. Nur merkte es keiner. Er machte damals schon lange das, was später Finanzinvestoren machten: Er kaufte Firmen mit fremdem Geld und nutzte sie für seine Zwecke. Letztlich ging es auf der Schwäbischen Alb nicht anders zu als an der Wall Street.

Seine Tarnung indes war genial: Adolf Merckle spielte den schwäbischen Sonderling. Geizig, etwas schrullig, bescheiden, bodenständig und auch noch fromm. Dem gläubigen Christen traute man so viel kapitalistische Raffinesse gar nicht zu. »Man sieht ihm seinen Reichtum nicht an« – dieses besonders subtile schwäbische Kompliment passte haargenau auf Adolf Merckle. Er gondelte mit dem Fahrrad durch Blaubeuren – scheinbar ein Mann ohne Allüren. Zu Vorstandssitzungen erschien er gerne in abgetragenen Anzügen, er fuhr am liebsten Bahn zweiter Klasse. Sein unschlagbares Argument: In der ersten kommt man auch nicht schneller an. Wenn er ein Auto benutzte, war das ein alter klappriger Mercedes. Er kokettierte gerne mit seiner Sparsamkeit und spielte perfekt den geizigen, unscheinbaren Schwaben – obwohl er eigentlich gar kein alteingesessener Schwabe war. Sondern der Sohn eines »Raig'schmeckten«.

In Wirklichkeit steckte hinter dieser schwäbischen Kunstfigur ein äußerst gerissener Geschäftsmann. Seine bahnbrechende Idee waren Nachahmer-Medikamente, sogenannte Generika. 1974 gründete er in Ulm Ratiopharm, eine Firma, die Arzneimittel herstellte, deren Patente abgelaufen waren. Nach Anlaufschwierigkeiten ein Volltreffer. Das neue Geschäftsmodell sparte eine eigene Forschungsabteilung und versprach saftige Gewinne. Merckle war ein Schlaule. Billig einkaufen war seine Geschäftsphilosophie. Sparen und trotzdem Geld machen – das war allerdings schwäbisches Urverhalten. Sozusagen die Quadratur des Kreises. Ratiopharm mischte bald den Wettbewerb in der Medikamentenbranche auf. Die alte Merckle GmbH wurde ihm dann zu klein. Sie hatte Anfang der 70er-Jahre mit Rheumamedikamenten Erfolg gehabt. Den Laden hatte er von seinem Vater übernommen, der noch aus Böhmen stammte. Mit 80 Mitarbeitern und vier Millionen Mark Umsatz. Doch irgendwann war der Markt gesättigt, mehr Wachstum war auch mit intensiver Werbung nicht mehr möglich. Die Rettung waren die Nachahmermedikamente. Ratiopharm die Initialzündung.

Merckle war fürs Kopieren. Und die Kopie funktionierte. Mit der Zeit immer besser. 1995 sagte er einem seiner engsten Mitarbeiter von Ratiopharm: »Acht Prozent, das ist nicht gut und nicht schlecht.

Im nächsten Jahr will ich zwölf Prozent und im übernächsten Jahr 20 Prozent.« So wuchs das schwäbische Imperium.

Dann entdeckte er auch noch den Pharmahandel. Merckle begann, kleinere Pharmafirmen zu kontrollieren, die später zu Phoenix verschmolzen wurden, dem größten deutschen Pharmahändler. Die Aufkäufe waren natürlich – wie immer – auf Pump finanziert. Am liebsten kaufte Merckle Firmen, die große Verluste in ihren Papieren stehen hatten. Diese Verluste konnte man prima mit den Gewinnen anderer Töchter, wie etwa Ratiopharm, verrechnen. Das war ziemlich undurchschaubar und sparte enorm Steuern. Listige Steuermodelle waren Merckles ganz besondere Leidenschaft. Lange Zeit galt: Was er anfasste, wurde zu Geld.

Geld und Frömmigkeit, das ist im evangelisch-pietistischen Wirtschaftsmilieu kein Widerspruch. Und auf dem Höhepunkt seiner Karriere hatte Merckle Geld wie Heu. Durch Gottes Gnade fühlte er sich wohl ausgezeichnet. Aber trotzdem hatte er nie genug davon. Ein alter Weggefährte, Manfred Specker, erzählte dem Manager Magazin, mit welcher Leidenschaft er am eigenen Skilift im Kleinen Walsertal die Karten seiner Kunden knipste: »Dieser Mann empfindet offenbar narzisstische Gefühle, wenn er wieder drei Pfennig verdient hat.« Pfennige oder Milliarden – für Merckle machte das kaum einen Unterschied. Hauptsache Geld. Einiges davon gab er freilich auch großzügig wieder weg. An Universitäten und soziale Einrichtungen. Scheinbar der gute Mensch von Blaubeuren.

Aber: Der Geschäftsmann Merckle war in Wirklichkeit geizig und ein ziemlich harter Hund – sagen Freunde und Feinde. Die ansonsten gerne zur Schau gestellte Frömmigkeit blieb im Alltagsgeschäft oft außen vor. Für die Mitarbeiter von Ratiopharm gab es zwar Losungen der pietistischen Herrnhuter Brüdergemeinde und sogar eine Betriebspfarrerin. Merckles Frau Ruth sorgte dafür. Sie, die aus einer Ulmer Zement-Dynastie stammte, saß sogar lange im Rat der Evangelischen Kirche. Für die Ärzte aber, die Merckles Medizin verschrieben, gab es ganz unchristliche Zuwendungen, die den Staatsanwalt interessierten. Gottesfurcht und Geld sind halt im Leben schwierig zusammenzubringen.

Zum Schluss dominierte wohl mehr der schnöde Mammon über die angebliche Gottesfürchtigkeit. Nur so ist es zu erklären, dass Merckle abhob. »Meinem Vater wurde zum Verhängnis, dass ihm der innere Kompass abhanden gekommen war«, sagte nach seinem Tod der »verlorene Sohn« Philipp Daniel Merckle dem Spiegel.

Mit der Übernahme von HeidelbergCement hatte Merckle schließlich versucht, das ganz große Rad zu drehen. Selbstverständlich auf Pump. Dieser Coup sollte ihm zum Verhängnis werden. Am 15. September 2008 ging nämlich die US-Bank Lehman Brothers pleite. Weltweit stürzten die Aktienkurse ins Bodenlose. Auch das Papier von HeidelbergCement. Das aber hatte verhängnisvolle Folgen, weil Merkle mit Aktienpaketen des Baustoffriesen eine teure Übernahme in England bezahlen wollte. Für 14 Milliarden Euro sollte Heidelberg-Cement den britischen Konkurrenten Hanson übernehmen. Auf Pump, versteht sich. Doch bevor die Banken neues Geld rausrückten, wollten sie neue Sicherheiten. Die aber gab es nicht mehr. Der Großteil des Aktienwertes war in wenigen Wochen verpufft. In seiner VEM Holding fehlten Hunderte Millionen Euro. Merckles Geschäftsmodell war durch die Finanzkrise obsolet geworden.

Merckle, der scheinbar gottesfürchtige Unternehmer, entpuppte sich in dieser schwierigen Lage als Hasardeur. Er ging an die Börse und spekulierte – und verlor das gefährliche Spiel. In diesem schwierigen Augenblick handelte er auch nicht aus bloßer Gier, wie die Zeitungen mutmaßten, sondern wohl eher aus Verzweiflung. Die trieb ihn zu einer verhängnisvollen Spekulation. Er wettete mit Optionspapieren darauf, dass der DAX steigen und die VW-Aktie fallen würde – in der Hoffnung, wenigstens einen Teil seiner gewaltigen Verluste ausgleichen zu können. Eine fatale Entscheidung. Das genaue Gegenteil trat nämlich ein: Die VW-Aktien stiegen in atemberaubende

Höhen, gesteuert von cleveren Zockern aus Zuffenhausen. Porsche nämlich kaufte alle auf dem Aktienmarkt verfügbaren Aktien und Optionspapiere zusammen. Mit dem Ziel, VW zu übernehmen. Die VW-Papiere wurden an der Börse deshalb knapp und stiegen zeitweise über 1000 Euro. VW war für kurze Zeit sogar das teuerste Unternehmen der Welt! Porsche erschien zeitweilig mehr als Hedgefonds mit angeschlossener Autoschmiede. Der Gewinn – 8,8 Milliarden Euro – lag 2008 höher als der Umsatz. Nur eine »mickrige« Milliarde verdiente Porsche mit Autos. Eigentlich eine perverse Bilanz.

Pech für Merckle. Der rasante Aufstieg von Porsche beschleunigte seinen Niedergang. Er hatte auf das falsche Pferd gesetzt. Ein folgenschwerer, tragischer Irrtum. Die von Merckle verspekulierten Millionen blieben zwar im Ländle, aber für Merckle brach eine Welt zusammen. Der damalige Porsche-Chef Wiedeking dagegen triumphierte. Merckle hatte Hunderte Millionen Euro verspielt – verzockt hieß es in den Medien. Nun wurde auch noch bekannt, dass er mehr als zwölf Milliarden Schulden hatte. Zu viele, um unversehrt die Finanzkrise überleben zu können. Es wurde endgültig klar, dass Ratiopharm verkauft werden musste. Die Verhandlungen um einen Überbrückungskredit mit den Banken zogen sich lange hin. Auch das Land verweigerte eine Sicherheitsgarantie. Als Merckle das Verhandlungsergebnis mit den Banken unterschrieb, war von seinem Imperium schon nicht mehr viel übrig. Am selben Tag noch warf er sich vor den Regionalzug nach Ulm. Die Kurzschlussreaktion eines gebrochenen Mannes, der seinen guten Ruf verloren hatte. Die Familie musste alle Mandate und Firmenbeteiligungen an einen Treuhänder abtreten. Die Privathäuser, den Waldbesitz, das repräsentative Schloss bei Rostock, das Gut Hohen Luckow, in dem einst ein G8-Gipfel zu Gast war. Ein einstelliger Millionenbetrag wäre dem Milliardär zum Schluss geblieben.

»Es war kalt geworden, in meinem Vater und um ihn herum«, sagte Sohn Philipp Daniel im Spiegel-Interview, »wenn ich allein daran denke, dass er sich vor einen Zug legte – ausgerechnet er, der Zeit seines Lebens so auf Verschwiegenheit Wert legte und darauf, jede Situation einer öffentlichen Schande zu vermeiden. Er hätte wirklich stiller aus dem Leben gehen können ...«

Übrigens: Wiedeking hatte sich zu früh gefreut. Die Finanzkrise verhinderte auch Porsches Versuch, den 30-mal größeren VW-Konzern zu übernehmen. Auch Wiedeking scheiterte an den Banken. Sie waren misstrauisch geworden. Porsche-Finanzvorstand Holger Härter, lange von den Wirtschaftsjournalisten als grandioses Finanzgenie gefeiert, hatte wie Merckle spekuliert und auf Pump VW-Optionen gekauft. Lange hatte er gewonnen. Dann aber mussten die Ölmilliarden des Emirs von Katar Porsche vor dem Abgrund retten. Am Schluss bescherte die verwegene Spekulationsorgie Porsche neun Milliarden Schulden. Das Geld der Zuffenhausener hatte eben nicht ganz zur vollen Übernahme von VW gereicht. Härter hatte denn auch ganz unverfroren auf die zehn Milliarden Euro schwere Kriegskasse von VW spekuliert. Nach der Übernahme hätten damit die Schulden von Porsche locker beglichen werden können. Ein frecher und vorwitziger Plan: VW sollte die Übernahme durch Porsche mit dem eigenen Geld finanzieren. Aber Frechheit siegt halt doch nicht immer. Das angebliche Finanzgenie Härter entpuppte sich bei näherem Hinsehen allenfalls als Finanz-Alchemist. Er war als Tiger gesprungen und als Bettvorleger bei VW gelandet. Härter wurde 2013 von einem Stuttgarter Gericht zu einer hohen Geldstrafe verurteilt. Wegen Kreditbetrugs.

Das Duell Porsche gegen VW war über Monate hinweg ein atemberaubender Finanzkrimi gewesen. David gegen Goliath. Aber David verlor und diese Niederlage kostete auch Wiedeking den Job. Der Abschied wurde ihm allerdings mit einer 50 Millionen-Euro-Abfindung versüßt.

Die Finanzkrise hat das Musterländle kurzfristig in die Krise gestürzt, aber schon 2010 wuchs das Bruttoinlandsprodukt – laut

Statistischem Landesamt – wieder um 4,75 Prozent. Mehr als im Bundesdurchschnitt. Auch das Merckle-Imperium überlebte, wenn auch stark dezimiert. Sohn Ludwig hat es schließlich saniert und Phoenix, den Pharmariesen, aus dem Nachlass gerettet. Im Jahr 2013 steht er mit einem Vermögen von 7,2 Milliarden US-Dollar auf Rang 162 der Forbes-Milliardärsliste.

Arm wäre er also nicht gewesen, der Mann, der noch 2008 zu den hundert Reichsten der Welt gehört hatte. Aber ärmer. In der Forbes-Liste 2009 fehlten übrigens 373 Milliardäre aus dem Vorjahr. Sie alle waren Opfer der weltweiten Finanzkrise geworden. Wie Adolf Merckle.

»Schduggi« oder: Das neue schwäbische Selbstbewusstsein

22 Jahre lang war Manfred Rommel Stuttgarts OB und in den Jahren seiner Regentschaft hat sich Stuttgart in ein großes »Rommels-Hausen« verwandelt. Die Stuttgarter mochten ihn. Er war kein engstirniger Verwaltungshengst, sondern ein Schultes von altem schwäbischen Schrot und Korn. Er hat immer den richtigen Ton gefunden. Witzig, ironisch, schlitzohrig und mitunter auch sarkastisch. »Ehret die Alten bevor sie erkalten«, lautete einer seiner Sprüche, ein anderer: »In Stuttgart kann man seine Kleider auftragen.« Rommel kannte seine Schwaben.

Dieser selbstironische Ton gefiel den Stuttgartern. Bescheidenheit, Understatement und Schlagfertigkeit waren seine Markenzeichen. Er hat die Leute dort abgeholt, wo sie waren, aber ihnen auch einiges zugemutet, etwa bei der Beerdigung der RAF-Terroristen auf dem Stuttgarter Waldfriedhof.

Solche Eigenschaften haben die Stuttgarter bei seinem Nachfolger schmerzlich vermisst. Während Rommel bundesweit Beachtung fand, schien Wolfgang Schuster schon an seine Grenzen zu stoßen, wenn er den Cannstatter Wasen eröffnen musste. Dabei lösten seine eigenwilligen Witze Jahr für Jahr Ratlosigkeit statt Lacher aus. Schuster blieb, im wahrsten Sinne des Wortes, bei seinen Leisten. Während Rommel fast traumhaft sicher mit den Medien umgegangen war, entpuppte sich Schuster als hochkarätiger Autist. Aber, so komisch es klingen mag: Stuttgart entwickelte sich dabei prächtig weiter. Allmählich gelingt es sogar, das spießige Image abzuschütteln. Das neue Kunstmuseum am Kleinen Schlossplatz ist so ein Beispiel.

Mit seiner zeitgemäßen Architektur und einem offensiven Ausstellungskonzept verkörpert es das neue Selbstbewusstsein Stuttgarts als weltoffene und kunstsinnige Stadt. Dass Schuster OB war, wurde geflissentlich übersehen. Lange war die schwäbische Metropole als langweilig, bieder und provinziell verschrien. Stuttgart, Stadt der Langsamen, der Bedächtigen, der Verhockten, Stadt der Bruddler und »Brägler«[108]. Während in den Medien »München leuchtet«, ist Stuttgart seit Langem medial unterbelichtet. Und die Stuttgarter »Imidsch«-Pfleger tun seit Jahrzehnten fast alles, damit es bei dieser Fehleinschätzung bleibt. In steter Regelmäßigkeit liefern sie die Slogans, die das Negativ-»Imidsch« festigen.

In den 1960er-Jahren war es der etwas peinliche Spruch vom »Partner der Welt«. Daraus ist fast zwingend das »Partnerle« geworden. Damals hatte Stuttgarts Verkehrsdirektor Peer-Uli Faerber auch den aberwitzigen Versuch unternommen, den Schwaben eine eigene Tracht zu verpassen. Einige VIPs bekamen die Klamotten auf den Leib geschneidert und mussten mit ihnen bei offiziellen Anlässen erscheinen. Aber: Die ausgesuchten »Folklore-Models« wirkten eher wie verkleidete Bayern, die sich auf das Stuttgarter Parkett verirrt hatten. Die neue Tracht erwies sich schnell als Flop. Der Verkehrsdirektor hatte die Abneigung der Schwaben gegen Uniformen unterschätzt. Sie straften das schwäbische Kostümexperiment mit Nichtbeachtung. Umso verwunderlicher ist, dass manche Schwaben sich immer noch freiwillig verkleiden und als Möchtegern-Bayern kostümiert auf den Wasen gehen. Eine traurige Truppe, der die Identität abhanden gekommen ist.

Höhepunkt des negativen Stuttgarter Stadtmarketings aber war zweifellos die Aktion »Let's putz«[109]. Diese Formulierung war so irrwitzig, dass man zunächst annehmen musste, es seien subversive Kräfte der Stadtverwaltung auf die glänzende Idee gekommen, ein und für alle Mal mit dem schwäbischen Putzwahn abzurechnen. Das erwies sich jedoch schnell als Irrtum. Es war tatsächlich der untaug-

108 Schwäbisch für: umständlich redender, langweiliger Mensch / 109 Schwäbischer Anglizismus für: »Lasst uns putzen!«

liche Versuch, die abgeschaffte Kehrwoche mit anderen Mitteln doch noch am Leben zu erhalten. Verärgerte Stuttgarter gaben deshalb zum Auftakt der Aktion die richtige Antwort:»It's Stuss!«[110] streuten sie mit Mehl auf den Marktplatz. Andere formulierten putzmunter und ironisch:»Am Stuttgarter Besen soll die Welt genesen?« Eine Volksbewegung ist diese Putznummer – trotz heftiger Werbekampagnen – jedenfalls nicht geworden.

Das ist beruhigend und ein weiterer Beweis für die Veränderungen in der Stadt. Der schwäbische Putzfimmel ist auch schon lange nicht mehr das, was er einmal war. Verglichen mit anderen Großstädten normalisiert sich Stuttgart. Langsam aber sicher verschwindet der Mehltau und ein neues, lebendigeres Stuttgart wird sichtbar. Stuttgart sieht heute im Sommer italienischer aus als manche italienische Urlaubsmetropole. Stühle auf der Straße, Gartenrestaurants, Müßiggang. Vor 40 Jahren noch völlig unvorstellbar. Damals war Stuttgart ein ziemlich öder Ort. Es gab noch eine Stuhlsteuer für Gartenrestaurants, so etwas wie eine Strafsteuer. Denn es gehörte sich einfach nicht, im Freien zu sitzen und nichts zu tun. Stuttgart – das war damals, so ein beliebter Witz, die Stadt der vier Meere: Am Morgen ein Nebelmeer, am Mittag ein Häusermeer, am Abend ein Lichtermeer. Und nach zehne: gar nix mehr! Satan – so sehen es deshalb die verbliebenen Pietisten – ist im Schwäbischen auf dem Vormarsch. Genuss gilt nicht mehr als Verbrechen. Und Nichtstun wird nicht mehr mit Steuern bestraft. Viele pietistische Lebensmaximen waren irgendwann verinnerlicht worden und hatten fortan als schwäbisch gegolten. Auch das ungeschriebene, aber lange wirksame »schwäbische Grundgesetz«, das da lautet:»Des duat mr ned, des ghert sich ned.«[111]

So gehörten Feinschmecker über viele Jahre zum natürlichen Feindbild rechtschaffener Schwaben. Alles, was kulinarisch über Maultaschen, Linsen und Spätzle, Saure Kutteln, Gaisburger Marsch, Kartoffelsalat und Rostbraten hinausging, »gehörte sich einfach

---

110 Schwäbischer Anglizismus für:»So ein Quatsch!« / 111 Schwäbisch für:»Das macht man nicht, das ziemt sich nicht!«

nicht«, war Verschwendung. Nichts gegen diese schwäbischen Spezialitäten. Stuttgarter Gourmets aber, die ab und an etwas anderes
genießen wollten, fuhren in den 60er- und 70er-Jahren deshalb zum
Schlemmen heimlich in den Schwarzwald. Genauer nach Baiersbronn.
Dort hatte sich, mit dem wachsenden Tourismus, die schwäbische
Feinschmecker-Oase entwickelt. Nirgendwo in Deutschland gibt es
so viele Michelin-Sterne pro Einwohner. Man sollte die Pietisten also
nicht in Bausch und Bogen verdammen. Sie haben unfreiwillig auch
Gutes bewirkt.

Heute zeigt »Schduagerd« viele neue Gesichter. »Schduggi-Town«
– wie Stuttgart in der Sprache der Teens und Twens heißt – ist jedenfalls besser als sein Ruf. Im Städteranking der Wirtschaftswoche

schob sich Stuttgart 2007 schon mal unter 50 deutschen Städten auf Rang 2 vor. Das Hamburger Weltwirtschaftsinstitut suchte für das Manager Magazin die zukunftsfähigste deutsche Stadt. Hier landete Stuttgart auf dem dritten Platz. Immerhin. Bei späteren Städterankings fiel Stuttgart wieder zurück. Es lässt sich trotzdem nicht länger verheimlichen, dass Stuttgart zur Spitze in Deutschland gehört. Bleibt die bange Frage, wie diese Botschaft bei den komplizierten Stuttgartern ankommt. Bei einigen dürfte der Rückschlag sogar heimliche Triumphgefühle ausgelöst haben. Großes ist in Stuttgart nämlich immer verdächtig. Das hat schon OB Rommel gesagt. Schwierige Landsleute, denen es »niemand so leicht recht machen kann«. Auch nicht der Neue, der grüne OB Fritz Kuhn. Mit dem Schließen des Fernsehturms hat er ein erstes Grummeln ausgelöst.

Trotz aller Fortschritte, Stuttgart taugt vorerst allenfalls zum Geheimtipp. Was manchem in der Stadt recht sein dürfte. Nur nicht übertreiben. Billiges Selbstlob, wie »Stuttgart spitze«, würde vielen Stuttgartern nie über die Lippen kommen. Richtig schwäbisch heißt »spitze« ja allenfalls »ned schlecht!«. Seit Generationen. Aber diese historischen Deformationen verschwinden allmählich. Auch die Unfähigkeit zu loben. Stuttgart ist jedenfalls besser als seine Stadtwerbung. Eine optische Augenweide ist der Anblick des amputierten Bahnhofs aber nicht gerade. Hinter dem einstigen politischen Schlachtfeld entsteht im Europaviertel etwas Neues – zum Beispiel die auffällige neue Stadtbibliothek, aber auch die Stahl- und Glasorgie des Milaneo. Ein weiteres Einkaufszentrum – und nicht unbedingt der Beleg für eine neue städtische Baukultur.

Inzwischen ist aber eine junge Generation herangewachsen, die zu ihrer Stadt steht und auf das »Imidsch« pfeift. Das unkomplizierte Selbstbewusstsein der jungen Stuttgarter beobachten die Altvorderen noch mit einer gehörigen Portion Skepsis. Doch auch sie merken, dass ihre Stadt langsam halt doch ein bisschen »schduggi« geworden ist.

Die schwäbische Spaßguerilla in Berlin

Berlin ist die zweitgrößte schwäbische Großstadt. 170 000 Schwaben leben angeblich in der deutschen Hauptstadt. Manche behaupten sogar 300 000, mehr jedenfalls als in Ulm, Heilbronn, Ludwigsburg oder Esslingen. Die Zahl 170 000 stammt übrigens von Krimiautor Felix Huby, und der müsste es eigentlich wissen, schließlich ist er selbst ein Berliner Schwabe. Damit wären die Schwaben die größte ethnische Minderheit in Berlin. Noch vor den Türken. Die bringen es 2013 nur auf schlappe 100 203, laut Statistischem Landesamt, obwohl sie viel mehr Schlagzeilen machen.

Das ist eine echte Überraschung. Fast unbemerkt von der Öffentlichkeit hat sich in der deutschen Hauptstadt eine schwäbische Subkultur entwickelt, eine Maultaschen-Connection mit schwäbischen Spezialitäten. Die gibt es im »Ebbes«, was so viel heißt wie »Etwas«. Korrekter müsste es heißen: »von ällem ebbes«, also »von allem etwas«. Maultaschen-Spezialitäten und »Saure Nierle« serviert man im Restaurant »Spatz & Spätzle« in Ku'damm-Nähe. Dort bekommt man sogar Ochsenmaulsalat, eine schwäbische Spezialität, die ich in Stuttgart nur noch selten finde. Hier drohen schwäbische Restaurants auszusterben, in Berlin machen immer mehr auf. Man kann also im Schatten der Berliner »Kodderschnauzen«[112] durchaus eine schwäbische Existenz fristen. Das hat Charme.

Die meisten dieser Berliner Schwaben sind in den 60er- und 70er-Jahren aus den politisch beengten und als rückständig empfundenen Verhältnissen im Ländle ausgewandert. Denn Berlin hatte in den rebellischen Zeiten den nicht zu unterschätzenden Vorteil, dass man nicht zum »Bund«[113] musste. Im vergangenen Jahrhundert waren politisch unzufriedene Schwaben noch nach Amerika oder Russland

112 Berlinerisch für: Menschen mit losem Mundwerk / 113 Schwäbisch für: Wehrdienst

VOLL INTEGRIERT

ausgewandert – jetzt lag Berlin näher. Einer der originellsten dieser Emigranten und früher Begründer der »schwäbischen Spaßguerilla« war Fritz Teufel aus Ludwigsburg, Mitglied der legendären »Kommune 1«. Ein Ausspruch von ihm ist heute schon historisch. Als ein Richter den APO-Rebellen vor Gericht zum Aufstehen aufforderte, erhob er sich und sagte grinsend: »Wenn's der Wahrheitsfindung dient!« Der coolste Satz der außerparlamentarischen Opposition.

Viele dieser schwäbischen Migranten sind Schwaben geblieben und nie Berliner geworden, darin vielen Türken nicht unähnlich.

Sie leben in einer Parallelgesellschaft – sie essen schwäbisch, sie »schwätzen« schwäbisch, sie haben ihre schwäbische Welt einfach mitgebracht. Nur in einem haben die Berliner Schwaben das Nachsehen. Baden-Württemberger haben nämlich die längste Lebenserwartung aller Deutschen: Frauen werden im Schnitt 83, Männer 78 Jahre alt. In Berlin indes stirbt man eineinhalb Jahre früher. Pech für die Auswanderer. Zumindest statistisch gesehen.

Eine weitere Einwanderungswelle folgte dann nach der Wiedervereinigung – in den 1990er-Jahren. Das waren ganz andere Schwaben. Keine rebellischen, sondern geschäftstüchtige. Sie sahen die Chance, in Berlin schneller zu einer Wohnung zu kommen, billiger jedenfalls als in Stuttgart und Umgebung. Manche sanieren ihre preiswerten Neuerwerbungen im Prenzlauer Berg und verkaufen sie wieder als Luxuswohnungen. Das Berliner Szene-Magazin »Zitty« bezeichnet sie als »Porno-Hippie-Schwaben« und beschreibt sie so: »Er ist die Weiterentwicklung des Latte-Macchiato-Trinkers und des urbanen Penners, allerdings mit mehr Geld. Sein Ziel ist es, in einem ›Townhouse‹[114] zu wohnen – das ist sein schwäbischer Ansatz.«

Diese geschäftstüchtigen Schwaben sind es denn auch, die in letzter Zeit Schlagzeilen machen. Sie sind in Berlin zum Hassobjekt geworden. »Schwaben raus aus dem Prenzlauer Berg!«, skandieren Demonstranten immer häufiger. »Gegen die Aufhübsch-Pläne der Schwaben-Mafia!« Gelegentlich werden in Ostberlin Schilder aufgestellt, die Schwaben zur Ausreise animieren sollen: »Berlin – Sindelfingen: 610 km. Ostberlin wünscht gute Heimfahrt!« Für die Demonstranten müssen die Schwaben als Prügelknaben herhalten, weil sie angeblich für die dramatisch gestiegenen Mieten verantwortlich sind. Für die »autonome« Linke bedeutet Antikapitalismus »Kampf gegen Schwaben«, aus einer sozialen wird eine ethnische Frage. Wie auf dem Balkan. Der schiere Irrsinn.

Im Internet schlagen die Schwaben zurück. Dort meldet sich eine Schwäbin zu Wort, die in Berlin offensichtlich zur schwäbischen

114 Englisch für: Stadthaus

Fundamentalistin geworden ist. »Ja. Wir Schwaben sind geizig. Sparen ist für uns eine Tugend, Verprassen und Verschwenden ist so sündhaft wie Essbares wegschmeißen. Geld gibt man nicht aus, man legt es an, am besten in was Dauerhaftem. Man hortet es für schlechte Zeiten.« Und ein schwäbischer Landsmann sekundiert: »Da wo Schwaben sind, geht es den Leuten wirtschaftlich gut. Neid muss man sich hart erarbeiten!« Ein anderer fordert gar den Minderheitenstatus für Schwaben im Bezirksparlament. Und es gibt erste schwäbische Gegenplakate: »Wir sind überall – auch dein Nachbar könnte ein getarnter Schwabe sein. Widerstand ist zwecklos. Wir kontrollieren sowieso schon alles.« Insbesondere die Berliner Presse sei von Schwaben unterwandert und gleichgeschaltet. Der Beweis: Die jeweils dritten Buchstaben aller Berliner Zeitungstitel ergäben das Anagramm:»Mauldäschle«[115].

Das ist natürlich pure Ironie und genauso absurd wie die Kampagne der Schwaben-Hasser, bringt aber Anerkennung in der Berliner Presse. Die schwäbische Spaßguerilla hat die Lacher auf ihrer Seite. Schwaben mit Humor – eine neue Erkenntnis in Berlin.

Einer hat das noch nicht gemerkt. Wolfgang Thierse, ein aus dem Osten zugewanderter Beute-Berliner. Ihm ist zu Silvester 2012 wegen der schwäbischen Umtriebe in der Hauptstadt der Kragen geplatzt. Bei seinem Bäcker im Prenzlauer Berg wurden ihm nämlich, statt seiner geliebten Berliner Schrippen, schwäbische»Weggla« angeboten. Thierse war entsetzt. Obwohl als Sozialdemokrat eigentlich dem Internationalismus verpflichtet, sah er seine kleine Berliner Welt in Gefahr. Angewidert vom Siegeszug schwäbischer Brötchen erklärte Thierse den Schwaben daraufhin den Schrippenkrieg. Als er merkte, dass er dabei war, etwas kräftig zu versemmeln, wollte der Schlaumeier seinen rassistischen Ausfall als Witz verstanden wissen und sprach den Schwaben jeden Humor ab. Thierse wurde so unfreiwillig zu einer Art Vorkämpfer für die neue Offensive der Schwaben-Hasser. Und die legten dann nach. Zuerst besudelten sie eine Käthe-Kollwitz-Plastik mit Spätzle und attackierten später eine Statue des schwäbischen Philosophen Hegel mit Currywurst. Angeblich wollten sie ein Zeichen gegen die schwäbischen»Invasoren« setzen, deren schnelle Ausbürgerung sie forderten. Die Schwaben sollten ihre Wohnungen verlassen und in Übergangsquartiere in Gropiusstadt ziehen.»Wir geben den Berliner Schwaben eine Zukunft – in ihrer Heimat.«

Höhepunkt war indes die Aktion»Kauft nicht bei Schwaben!«, eine Parole, die peinlich an die dunkle deutsche Vergangenheit erin-

115 Schwäbische Mehlspeise

nerte. Das war nicht mehr witzig. Der Regierende Bürgermeister Klaus Wowereit sah sich gezwungen, beschwichtigend einzugreifen und sich schützend vor seine Berliner Schwaben zu stellen. Die schwäbisch-alemannischen Fasnachter haben auf die Affäre richtig reagiert: Sie erklärten den »Aufwiegler« Thierse zu ihrem Ehren- und Obernarren. Auf Schwäbisch steigert man Thierse jetzt so: Dackel – Halbdackel – Grasdackel!

Und noch einen Triumph können die Schwaben verbuchen: Ausgerechnet im umkämpften Kreuzberg mit seinen Dönerbuden gibt es den ersten »Spätzle-Express«. Spätzle sind endlich auch in der deutschen Hauptstadt angekommen. Mission erfüllt.

Das Opium des Schwaben – eine Trollinger-Andacht

Spätzle, Maultaschen, Trollinger – die Dreifaltigkeit schwäbischer Genusskultur. Aber der Trollinger, das Opium des Schwaben, ist nicht einfach irgendein Wein. Wie für die Bayern das Bier, ist der Trollinger für den Schwaben: ein Mythos. Und Politik pur. Mit dem Trollinger haben sich die Schwaben lange selbst sediert. Viertele um Viertele – ein kollektives Beruhigungsmittel, ein Ventil für Unzufriedenheit, der kürzeste und schnellste Weg in die innere Emigration.

Dort angekommen, wird der Schwabe zum »Bruddler«[116]. »Bruddeln« ist die ureigene, schwäbische Form des Widerstands. Bruddeln kommt übrigens von »brodeln«. Der Bruddler braucht keinen Beifall vom Stammtisch – wie etwa der bayerische Grantler. Der eigene reicht. Er hat nämlich immer recht. Der Bruddler ist selbstgerecht und Individualist. Er wird zum Einzelgänger. Einsamen Wölfen gleich bruddeln Hunderttausende einfach so vor sich hin. Und alles bleibt beim Alten. Den Ärger darüber spülen sie mit Trollinger weg. Mit dem Bruddeln befreit sich der Bruddler schließlich von den Zwängen des Alltags und stürzt – wenn der Trollinger zu wirken beginnt – Regierungen und ganze Weltordnungen. Soweit der Trollinger ihn halt trägt.

Dabei, beim »Viertelesschlotza«[117], wird der Schwabe übrigens nicht laut und er singt auch nur selten – wie etwa der Rheinländer. Der Schwabe wird beim Trinken eher still, fast depressiv. Er trinkt sich die Welt schön. Selbst in der lautesten »Wirtschaft«[118] trinkt er leise vor sich hin, schweigend kann er einen ganzen Abend dasitzen – ohne sich zu langweilen.

Am Tag danach ist der meiste Ärger vergessen – auch der politische. Deshalb kann man die stabilisierende Wirkung des Trollingers

---

116 Schwäbisch für: ein schimpfender Mensch, der seine Unzufriedenheit halblaut zu verstehen gibt / 117 Schwäbisch für: Trinken von einem oder mehreren Vierteln Wein / 118 Schwäbisch für: Gasthaus

Was mr hot, des hot mr

auf den politischen Alltag nicht hoch genug einschätzen. Der Trollinger ist eine Polit-Droge. Selbst der brutalste »Bruddler« wird im Trollinger-Tran irgendwann lammfromm und einsichtig. Spätestens dann kommt die erlösende, alle Widersprüche aufhebende schwäbische Formel: »So isch no au wieder!«[119]

Es hat halt alles zwei Seiten. Das ist angewandte Dialektik, die schwäbische Kunst, Widersprüche in nichts aufzulösen. Danach ist der Zustand schwäbischer Glückseligkeit erreicht. Der Heimatdichter Georg Holzwarth hat dieses Gefühl in einem Gedicht festgehalten:

119 Schwäbisch für: »Alles hat zwei Seiten!«

En Zau oms Gärtle,
's Auto en d'r Garasch,
d' Rollläda ronder
ond d' Haustür zua.
Was mr hot
des hot mr.[120]

Jahrzehntelang hat diese schwäbische Lebensweisheit gegolten. Fast wie ein Gesetz. Doch diese heile schwäbische Idylle ist schon lange nicht mehr das, was sie einmal war. Stuttgart 21 hat politisch alles verändert. Auch der Trollingermythos verblasst. Der Trollinger hat heftige Konkurrenz bekommen: In schwäbischen Weinbergen wachsen jetzt auch Cabernet Sauvignon, Merlot und Chardonnay. Kenner trinken eben nicht mehr nur Württemberger. Der Clou aber ist schwäbischer Whisky aus Fellbach. In Barrique-Fässern gereift. Ein edler Tropfen, der bei Blindverkostungen schon manch bekannten schottischen Rivalen geschlagen hat. Es wird in letzter Zeit viel probiert im Land. Die schwäbischen Jungwinzer probieren neue Trauben, die schwäbischen Jungwähler neue Parteien. Die schwäbische Welt steht Kopf.

---

120 Schwäbisch für: »Ein Zaun um den Garten, den Mercedes in der Garage, die Rollläden unten und die Haustür geschlossen. Was man hat, das hat man.«

Politischer Urknall am Sackbahnhof

Wenn es also ans Eingemachte geht, glaubte die schweigende schwäbische Mehrheit lange, dass es die Regierung schon irgendwie »richten«, also in ihrem Sinne regieren wird. Und dass diese im Zweifelsfall immer konservativ war, hat auch mit der Realteilung zu tun, die Herzog Christoph, der Erbhändel seiner Untertanen überdrüssig, im Jahr 1552 eingeführt hat. Fast jeder Schwabe ist durch die Realteilung zu einem »Schdückle«[121] gekommen und hält sich für einen Grundbesitzer. Die Aufmüpfigen gingen seit Schiller außer Landes – oder sie landeten später bei den Grünen in Berlin. Dort wurden wichtige Posten schon lange von Schwaben besetzt – Joschka Fischer, Claudia Roth, Fritz Kuhn, Rezzo Schlauch, Cem Özdemir.

Oder sie wurden schizophren. Wie zum Beispiel die schwäbischen Metallarbeiter. Jahrzehntelang waren sie die Speerspitze der IG Metall, niemand in Deutschland bekämpfte den Klassenfeind effektiver als sie. Die Stuttgarter IG Metall war die Avantgarde der deutschen Arbeiter, wenn es darum ging, Lohnerhöhungen durchzukämpfen, und Gewerkschaftsboss Willi Bleicher, ein brillanter Redner und ausgefuchster Demagoge, rührte seine schwäbischen Metaller gelegentlich zu Tränen, wenn er die ungerechte Welt des Kapitals geißelte. Aber wenn sie zu Hause waren und es zum Schwur kam, wählten viele der wackeren Metaller im Zweifelsfall halt doch CDU. Das galt jahrzehntelang: im Betrieb links, zu Hause rechts. Herrlich schizophren!

Diese Zeiten sind vorbei. 500 Jahre lang »hend se brav d'Gosch g'halta – on uff oimol hend se der Rabbel grieagt: wega am Sackbohof!«[122] Der Rest der Republik rieb sich verwundert die Augen: Aus den fleißigen und sparsamen Schwaben waren über Nacht renitente

---

121 Schwäbisch für: Grundstück / 122 Schwäbisch für: 500 Jahre lang »haben sie den Mund gehalten und auf einmal sind sie ausgerastet – wegen eines Sackbahnhofs«.

»Wutbürger« geworden. Ausgerechnet das biedere Stuttgart avancierte in den Medien zur deutschen Demo-Hauptstadt. Die Schwaben gingen aus sich raus und machten Krach. Sie waren im wahrsten Sinne des Wortes »aus dem Häusle« – im Schwäbischen die extremste Form des Ausnahmezustands. Dieser für viele Nichtschwaben ohnehin schon sonderliche Menschenschlag war mit den gängigen Vorurteilen nicht mehr zu erklären. Bisher hatte Deutschland seine Schwaben trollingerselig, gemütlich, ein bisschen obrigkeitshörig und Spätzle mampfend gekannt. Und jetzt so etwas: aufsässig, renitent und scheinbar unbelehrbar. Jenseits aller Weinstuben-Gemütlichkeit. Die Stuttgarter wollten sich partout nicht zu ihrem Glück zwingen lassen. Schon gar nicht durch ein milliardenschweres Großprojekt. Je größer die Demos wurden, umso größer das ungläubige Staunen und die Verunsicherung der deutschen Landsleute über diese schwäbische Renitenz. Heerscharen von Journalisten fielen in die schwäbische Metropole ein und versuchten, das Unfassbare zu verstehen: Der Schwabe war zum Rebellen geworden. Aber warum nur?

Ganze Schwärme von Psychologen, Soziologen und Politologen arbeiteten sich an diesem irritierenden Phänomen ab. Eine Rebellion ausgerechnet im wohlhabenden Musterländle! Manche der Erkenntnisse waren nicht ganz falsch, das meiste aber auf gut Schwäbisch »Läddagschwätz«[123]. Um das Unverständliche verstehbar zu machen, entdeckte der Berliner Tagesspiegel »die Auferstehung von Wyhl, Gorleben und der Startbahn West« zusammen. Das war Quatsch. Die New York Times verglich Stuttgart 21 gar mit dem Fall der Mauer. Das war, mit Herbert Wehner gesprochen, »noch quätscher«. Immerhin: Stuttgart war jetzt das »Herz Europas« geworden, allerdings in einem ganz anderen Sinne als es der etwas zu großspurig geratene Slogan der Stuttgart-21-Macher beabsichtigt hatte. Die »Imidsch-Macher« hatten eben keine Ahnung von den immer schon schwer berechenbaren Stuttgartern. Alles was groß ist, gilt hier zunächst

---

123 Schwäbisch für: dummes Gerede

einmal als verdächtig. Großspurig eben. Wie Stuttgart 21. Viele wollten weder das Herz Europas werden noch wollten sie den »unterirdischen« Bahnhof. Sie gingen weiter auf die Straße. Immer mehr. Und immer häufiger.

Die übrigen Deutschen verstanden nur noch »Bahnhof«. Nie zuvor hatte es in Stuttgart solche Demos gegeben: Zehntausende waren plötzlich auf der Straße. Aufsässige Bürger, die ihre politischen Gegner vergeblich als »Cayenne-Fahrer« und »grüne Witwen vom Killesberg« zu diffamieren versuchten. Es half alles nichts. Konservative Politiker verstanden die Welt nicht mehr. Die Schuld an dieser überraschenden politischen Bewusstseinsveränderung hatten vor allem die politischen Protagonisten Schuster und Oettinger. Der etwas autistisch agierende Stuttgarter OB und der irrlichternde Ministerpräsident waren nicht in der Lage, den Bürgern die Vorzüge des Projektes Stuttgart 21 klarzumachen. Auch die Bahn agierte nicht gerade glücklich. Sie versuchte, ihr Projekt als »wichtige europäische Magistrale Paris–Bratislava« zu verkaufen. Merkte aber viel zu spät, wie lächerlich dieses Argument war. Wer fährt schon von Paris nach Bratislava. Einen Kommunikationsgau nannte Nachfolger Mappus das später zu Recht. Dazu kam 2007 noch der verweigerte Bürgerentscheid. Das brachte das Fass zum Überlaufen. Die Demonstranten beschlich immer mehr das Gefühl, dass der neue Bahnhof an den Bürgern vorbei gebaut werden sollte. Koste es, was es wolle. Es ging längst nicht mehr um die »Kathedrale des Verkehrs«, die ihr Baumeister, der Lothringer Architekt Paul Bonatz, in den 1920er-Jahren der Sultan-Hassan-Moschee in Kairo nachempfunden haben soll. Sein Projekt hatte er wohl nicht ganz zufällig »umbilicus sueviae«, den Nabel Schwabens, genannt. Einige Jahrzehnte später ist es tatsächlich zum politischen Nabel Schwabens geworden. Mit Stuttgart 21.

Es kam nämlich zum politischen Urknall am Sackbahnhof, einem Muschelkalkmonster, das eher einer Feldherrnhalle glich als einem

Bahnhof. Das wurde die Geburtsstunde der anderen Schwaben, die nicht mehr an den Konsens glaubten und das den Politikern auch zeigten. Mithilfe von cleveren jungen Leuten, die etwas von modernen Kommunikationsmitteln verstanden, verwandelten sie die diffuse Wut der Bürger in politische Aktionen. Gegen die Großmedien der Stuttgarter Region. Gegen Stuttgarter Zeitung und SWR. Ein erstaunlicher Vorgang. Es ist viel in diesen »Aufstand« hineingeheimnisst worden. Diese große Wut hatte eigentlich einen ganz simplen Grund: Je länger sie demonstrierten, umso stärker beschlich die Demonstranten das Gefühl, mit dem Protest auf taube Ohren zu stoßen und ohnmächtig gegen eine Wand zu laufen. Das Gefühl verbreitete sich: »Mr hott en dr oigena Stadt nix mehr zom saga!«[124] Die Bestätigung einer bundesweiten Meinungsumfrage, die feststellte: Zwei Drittel der Deutschen glauben nicht mehr, dass die Politik die Interessen des Volkes vertritt. Stuttgart lieferte die Probe aufs Exempel.

In dieser Situation machte der damalige Ministerpräsident Stefan Mappus einen entscheidenden Fehler: Er engagierte Dirk Metz, den Medienberater von Hessens Ex-Ministerpräsident Roland Koch. Ein Hardliner, der es mit seiner Draufschlag-Politik gegen jugendliche Kriminelle schon fast geschafft hatte, den hessischen Ministerpräsidenten Koch um sein Amt zu bringen. Wenige Wochen nach seiner Berufung krachte es auch im Stuttgarter Schlosspark. Das war kein Zufall. Die Landesregierung hatte auf Attacke geschaltet. Ein Markenzeichen von Metz. Das Ergebnis war verheerend. Der Schwarze Donnerstag wurde zum einschneidenden Ereignis. Der aus dem Ruder gelaufene Polizeieinsatz im Schlossgarten löste Entsetzen aus. Aufruhr in Stuttgart!

124 Schwäbisch für: »Man hat in der eigenen Stadt nichts mehr zu sagen!«

Der Schwabe als Rebell

Aufruhr gegen die Obrigkeit – das machte zunächst mal sprachlos. So etwas hatte es im Ländle lange nicht mehr gegeben. Man muss weit in die Geschichte zurückgehen, um richtige schwäbische Rebellen zu finden. Fast 500 Jahre. Bis in das Jahr 1514, das Schicksalsjahr für den jungen Herzog Ulrich und das Herzogtum Württemberg. Damals rumorte es im Remstal. Der stets klamme Herzog hatte sich eine neue Perfidie einfallen lassen, um seine Untertanen auszupressen. Da er seine Steuerpolitik schon ausgereizt hatte, trickste er mit den Gewichten. Ein Pfund sollte eben kein Pfund mehr sein, das falsche Pfund Fleisch nur noch 360 Gramm wiegen. Bezahlt werden musste aber ein richtiges Pfund. Die Differenz sollte als Steuer an den Amtmann abgeführt werden. Ein fieser Trick, eine Art Mehrwertsteuer, die das Fass schließlich zum Überlaufen brachte. Die Remstäler gingen auf die Barrikaden.

Das war die Stunde des »Geißpeter von Beutelsbach«. Der Taglöhner begann gegen den »Blutsauger« aus Stuttgart zu lästern, der das Geld mit Kriegen und üppigen Hoffesten durchbrachte. Er bekam immer mehr Zulauf. Die Aufrührer gründeten einen Geheimbund, den sie »Armer Konrad« nannten. Armer Konrad war das Schimpfwort des Adels für arme Leute. Der pfiffige Geißpeter versprach dem Herzog ein gerechtes Gottesurteil. Die neuen Gewichte des Herzogs sollten in die Rems geworfen werden. Würden sie schwimmen, wären sie rechtens. Würden sie in der Rems versinken, wären sie falsch. Der Geißpeter warf sie also unter dem Jubel der Aufständischen ins Wasser. Und sie gingen selbstverständlich unter. Das war das Signal zum Aufstand.

Die Unruhen breiteten sich wie ein Flächenbrand in ganz Württemberg aus. Ulrich erkannte, dass seine Herrschaft in Gefahr war. Er

schaltete schnell, schaffte die Steuer wieder ab, berief die Landstände ein – und trickste die Bauern aus. Mit den Wohlhabenden –
der sogenannten »Ehrbarkeit« – schloss er 1514 den »Tübinger Vertrag«. Darin musste der Herzog ein bitteres Zugeständnis machen:
Der Vertrag verpflichtete ihn, Steuererhöhungen und Kriegser-
klärungen in Zukunft nur noch mit Zustimmung der Landstände zu
beschließen. Ein Meilenstein in der Verfassungsgeschichte. Die »Ehrbarkeit«, die bürgerliche Herrschaftselite, hatte den Schwächeanfall
des Herrschers zum eigenen Vorteil genutzt. Das war von der »Ehrbarkeit« vielleicht nicht besonders ehrbar, aber politisch sehr clever.
Ohne den Geißpeter allerdings hätte es den Tübinger Vertrag nicht

gegeben. Ein Tagelöhner und Rebell hatte schwäbische Geschichte mitgeschrieben – zum Dank dafür wurden er und seine Mitverschwörer gehenkt.

Dieser brachiale Umgang mit Rebellen – wenige Jahre später auch mit den Aufrührern des »Bundschuh«[125] – hat ganz offensichtlich bleibenden Eindruck bei den württembergischen Untertanen hinterlassen. Es sprach sich herum, dass es lebensgefährlich war zu rebellieren. Deshalb herrschte lange Ruhe im Land. Die Obrigkeit begann irgendwann so etwas wie Artenschutz zu genießen – mochte sie auch noch so fies und unfähig sein, sie wurde von den Untertanen als eine Prüfung Gottes empfunden. Eine täglich auferlegte Prüfung, »Obrigkeit« eben. In Württemberg hat sich so in den folgenden Jahrhunderten ein ganz spezielles, von der Landeskirche gefördertes Herrschaftsverständnis entwickelt. Der quietistische Protestantismus beschleunigte diese Entpolitisierung. Es war ungehörig, sich gegen den Herrscher aufzulehnen, aber auch sinnlos.

Schiller wusste schließlich, warum er floh. Sonst wäre es ihm nämlich ergangen wie dem Journalisten Schubart. Der wanderte in den Knast, weil er sich traute, Herzog Karl Eugen madig zu machen. Doch dieser Christian Friedrich Daniel Schubart war ein ziemlich einsamer Rebell. Ein schwäbischer Dickkopf, wie er im Buche steht. So was wie eine Ein-Mann-Opposition gegen Herzog Karl Eugen. Er hat bis heute noch nicht den ihm gebührenden Platz in der schwäbischen Geschichte. Noch immer wird er ein bisschen scheel betrachtet. Das liegt daran, dass er ein ziemlich versoffenes Genie war und auch noch ein Weiberheld. Die Widersprüchlichkeit von Schubart verstört – man kann aber ohne Übertreibung sagen: Er war der erste große deutsche Journalist. Nebenher war er übrigens auch noch Orgelgenie und Dichter. Und zwar kein schlechter. Seine »Deutsche Chronik«, ein Wochenblatt, war so etwas wie der frühe Vorläufer der Illustrierten. Er wollte Meinung machen, aber nicht für eine elitäre Minderheit schreiben, sondern fürs Volk. Sein Stil war aggressiv,

---

125 Als Bundschuh-Bewegung werden die aufständischen Bauern bezeichnet, die in den Jahren 1493–1517 für Aufstände in Südwestdeutschland verantwortlich waren.

plastisch, gelegentlich ätzend. Er entwickelte sich zu einem begnadeten Polemiker.

»Aller Fürstenglanz ist nicht mehr als ein Glimmen von der Lichtputze, die glimmt und stinkt.« Karl Eugens »Hohe Carlsschule« nennt er verächtlich eine Sklavenplantage. Die erotische Gespielin des schwäbischen Potentaten, Franziska von Hohenheim, machte er als »Donna Schmergelina« lächerlich. Rotzfrech. Er schrieb seine Berichte und Kommentare häufig im Wirtshaus und in der Kneipe und er schrieb sein Wochenblatt meist ganz allein und konnte auch finanziell davon leben. Die »Deutsche Chronik« war bald das wichtigste Organ der bürgerlichen Opposition in Deutschland. Er hatte als Schulmeister und Prediger angefangen und war im Laufe seines abenteuerlichen Lebens auch mal Kapellmeister und Musikdirektor in der barocken Ludwigsburger Residenz. Und da ging's gelegentlich wild zu. Als Schubart versuchte, das wilde Liebesleben des Regenten zu toppen, verlor er seinen Job wegen seines unmoralischen Lebenswandels.

Daraufhin war er durch halb Europa gezogen und schließlich in Augsburg gelandet, wo er 1774 die »Deutsche Chronik« gründete. Schon nach fünf Wochen musste er sein aufmüpfiges Blatt nach Ulm verlegen, damals, wie Augsburg, eine freie Reichsstadt. Von da aus nahm er den schwäbischen Despoten Karl Eugen aufs Korn. Und er traf dabei wohl öfters ins Schwarze. Der ärgerte sich unbändig und überlegte, wie er den frechen Zeitungsbengel unschädlich machen könnte. Am 18. Januar 1777 lockte ihn ein Klosteramtmann aus Blaubeuren vom reichsunmittelbaren Ulm auf württembergisches Gebiet und verhaftete ihn. Ohne Anklage, ohne Prozess. Einfach so. Das ist bekannte schwäbische Geschichte. Das Strafmaß legte der Herzog willkürlich fest. Zehn Jahre, »um durch sichere Verwahrung seiner Person die menschliche Gesellschaft von diesem unwürdigen und ansteckenden Gliede zu reinigen«. Ein Jahr lang steckte der Herzog ihn auf die Gefängnisfestung Hohenasperg, zunächst sogar in

Isolierhaft. Kein Kontakt mit der Außenwelt, kein Kontakt mit der Familie, Schreibverbot. Der Rebell sollte weich gekocht, seine Persönlichkeit zerstört werden. Karl Eugen wollte an Schubart ein Exempel statuieren. Der Provinz-Potentat als Groß-Pädagoge. Aus dem frechen Spötter sollte – für alle sichtbar – ein Untertan gemacht werden. Eine Abschreckung für solche, die auf dumme Gedanken kommen könnten. Republikaner, Demokraten und andere Freigeister.

Dafür eignete sich die Feste Asperg ganz besonders. Sie wurde ein schwäbischer Mini-Gulag zur politischen Umerziehung des Delinquenten. Die abschreckende Wirkung auf die Untertanen war durchaus beabsichtigt. Und die Abschreckung zeigte Langzeitwirkung. Wie man dem schwäbischen Volksmund entnehmen kann. Der machte daraus sogar eine witzige Geschichte: Wie heißt der höchste Berg Württembergs? Antwort: der Asperg. Man brauche, so der Volksmund, nur zehn Minuten um hinauf-, aber zehn Jahre um wieder herunterzukommen. Der Tyrann hatte beschlossen, aus dem Rebellen gegen das Gottesgnadentum einen frommen und bescheidenen Untertanen zu machen. Ein politisches Experiment. Das war nach Ansicht des Herzogs allemal besser als ein toter Märtyrer. Karl Eugen war ja angeblich ein aufgeklärter absolutistischer Herrscher. Die Drecksarbeit vor Ort mussten deshalb andere tun: der Festungskommandant Rieger, ein Ludwigsburger Pfarrer und alter Erzfeind Schubarts und der pietistische Erfolgsprediger und Tüftler Philipp Matthäus Hahn. Der übergab Schubart eine Niederschrift »Gedanken, wie Hr. Schubart seine Zeit in seiner Gefangenschaft am nützlichsten anwenden könnte.« Das hieß vor allem: beten und in der Bibel lesen. Das war die Höchststrafe für den Spötter, Sadismus als christliches Erbarmen getarnt.

Es wurde eine schlimme Zeit für Schubart. Der Dichter durchlebte Phasen der Reue, der Selbstanklage und der Selbstzweifel. Der geistige und geistliche Beistand war in Wirklichkeit eine Gehirnwäsche. Und einmal war er sogar so weit, dass er Gott für die Gefängnishaft dankte, weil sie eine Chance zur inneren Einkehr sei. Aber dann rächte er sich an seinen Peinigern und ihrem Auftraggeber mit dem, was er am besten konnte: mit Gedichten. Das bekannteste machte ihn in ganz Deutschland berühmt: »Die Fürstengruft«.

Jetzt ist die Hand herabgefault zum Knochen,
die oft mit kaltem Federzug
den Weisen, der am Thron zu laut gesprochen,
in harte Fesseln schlug.

Aufgeklärter Absolutist

Übereinstimmungen mit der Wirklichkeit sind beabsichtigt. Die »Fürstengruft« macht den Autor bekannt und Prominente wie Goethe und ausgerechnet der Markgraf von Baden setzen sich für den prominenten Häftling ein und verlangen seine Freilassung. Damals gab's noch kein Amnesty International.

Nach zehn Jahren wurde Schubart schließlich in die Freiheit entlassen. Das Ende einer zynischen, absolutistischen Polit-Show. Die Historiker nennen die Epoche den »Aufgeklärten Absolutismus«. Mir ist rätselhaft, was daran »aufgeklärt« war. Der Gipfel des Zynismus:

Schubart wurde nach seiner Entlassung zum Hofpoeten und herzoglichen Theaterdirektor in Stuttgart ernannt. Das sollte ihn zusätzlich lächerlich machen und zeigen, dass er eine Kreatur von Gnaden des Herzogs war. Aber das Experiment der herzoglichen »Correction« scheiterte – Schubart war nicht bereit, die vom Herzog vorgesehene Rolle zu spielen. Er wehrte sich, so weit er noch Kraft hatte. Als Theaterdirektor ließ er zum Beispiel die »Hochzeit des Figaro« aufführen, eine satirische Parabel vom machtlüsternen Potentaten. Eine Spitze, die direkt auf seinen Peiniger zielte. Außerdem gab er wieder seine »Chronik« heraus und fand gelegentlich zu alter Schärfe zurück – zum Beispiel, als er den päpstlichen Nuntius am Stuttgarter Hofe »ein stinkendes Exkrement Ihro päpstlicher Heiligkeit« nannte.

Schiller wusste, warum er floh

Schiller, ein anderer schwäbischer Rebell, hat Schubart auf dem Asperg besucht und wäre deshalb fast selbst dort gelandet. Der spätere Großdichter aus Marbach hat schnell die Gefahr erkannt und sich 1782 aus dem Staub gemacht. Damit hat er dem rechthaberischen und machtbesessenen Herzog ein Schnippchen geschlagen. Ein Leben im miefigen, frömmlerischen Württemberg kam für ihn nicht infrage. Schiller war ein Rabauke und Berserker, typisch Sturm und Drang. Das enthüllte sein Jugendfreund Johann Wilhelm Petersen in seinen Erinnerungen. Der junge Starpoet entpuppte sich bald als feinsinniger Lüstling und als Rebell auch gegen die piefigpietistischen Moralvorstellungen. Das enge Württemberg und sein machtbesessener Herrscher sind ihm zuwider, deshalb die Flucht aus Stuttgart. Erst in Weimar kann er sich frei entfalten und wird als bürgerlicher Rebell zur Symbolfigur aller jener Deutschen, die einen Nationalstaat wollen und das Ende der deutschen Kleinstaaterei. In Württemberg wäre er dafür im Knast gelandet. Später sagte er nur wenig Lobendes über Württemberg – den Wein ausgenommen. In den »Räubern« polemisiert er gegen »das tintenklecksende Säculum«. Er meint damit vor allem die schwäbischen Schreiber, die das System des Herzogs verwalten halfen und willige Vollzugsbeamte des Absolutismus waren. »Kerls, die in Ohnmacht fallen, wenn sie einen Buben gemacht haben, feuchtohrige Buben, fischen Phrases aus der Schlacht bei Cannae …«

Auch die späteren Poeten der schwäbischen Dichterschule waren nicht unbedingt Rebellen. Ihre Dichtkunst bewegt sich hoch über dem tristen Alltag. Die romantische Poesie der schwäbischen Dichterschule und deren »Veigeles-Poesie« hat Heinrich Heine böse verspottet:

In Schwaben besah ich die Dichterschul.
Gar liebe Geschöpfchen und Tröpfchen!
Auf kleinen Kackstühlen saßen sie dort,
Fallhütchen auf den Köpfchen.

Immerhin hat einer der schwäbischen Dichter eine späte Karriere als Traube gemacht. Die Kerner-Traube ist nach demselben Justinus benannt, von dem es heißt, dass er schon mal zwölf bis vierzehn Viertele am Tag als Treibstoff zum Dichten brauchte. In einem solchen Zustand hat er wohl auch »Preisend mit viel schönen Reden« zusammengedichtet. Einen etwas platten Public-Relations-Song für die Monarchie:

Eberhard, der mit dem Barte,
Württembergs geliebter Herr,
sprach: »Mein Land hat kleine Städte,
trägt nicht Berge silberschwer,
doch ein Kleinod hält's verborgen,
dass in Wäldern noch so groß,
ich mein Haupt kann kühnlich legen,
jedem Untertan in Schoß.«

Von wegen »Kopf in den Schoß legen« – die geköpften Bauern aus dem Remstal hätten sich bei Kerner ganz schön bedankt. »Eberhard im Barte« war sicher eine der rühmlicheren württembergischen Herrschergestalten, und dennoch: Kerners Gedicht erscheint heute als dichterische Unterwerfungsgeste und Vers gewordene demokratische Unmündigkeit. Eine poetische Schleimspur hin zum Gottesgnadentum. Kerner war schließlich königlich-württembergischer Beamter. Im Gegensatz dazu ist das Badnerlied noch immer populär, zumindest bei badischen Fußballfans. Es verklärt keinen Herrscher, sondern nur »das schönste Land in deutschen Gauen«. Einen dunklen Fleck hat es allerdings auch: die Lobeshymne auf die

Festung Rastatt, in der einst aufmüpfige badische Demokraten verschwanden.

Für schwäbische Rebellen gab es drei Möglichkeiten: Kerker, innere Emigration oder Flucht. Nicht gerade zukunftsträchtige Perspektiven. Abweichendes Verhalten war im Württemberg der letzten 200 Jahre von den Kirchenkonventen verfolgt worden. Hart und unerbittlich. Jeder, der von den engen moralischen Normen abwich, wurde sonntags vor den Kirchenkonvent geladen und bestraft. Rebellen waren in dieser strengen protestantischen Leitkultur nicht

vorgesehen. Nur fromme Brüder. Die Pietisten haben dem Freigeist Schiller sein Rebellentum noch lange nachgetragen und zu Schillers 100. Geburtstag 1859 verhindert, dass die Kirchenglocken für ihn geläutet wurden.

Friedrich Schiller war der einzige erfolgreiche schwäbische Rebell. Als erfolgsverwöhnten Dichter und Geschichtsprofessor zog ihn nichts mehr nach Württemberg zurück. Er kam nur noch zu Besuch. Das geistige Klima im Lande war für ihn gewöhnungsbedürftig.

Selbst 1848, als sich überall, auch in Baden, der revolutionäre Geist regte, blieb es in Württemberg ruhig. Es kam zwar zu einzelnen Volksversammlungen – daraufhin berief König Wilhelm I., ein geschickter Taktiker, im März 1848 die beiden Oppositionsführer Römer und Pfizer als liberale »Märzminister« in die Regierung, setzte liberale Pressegesetze in Kraft und erkannte, als einziger der größeren Fürsten in Deutschland, die von der Frankfurter Nationalversammlung beschlossene Reichsverfassung an. Dann wartete er ab und hoffte, dass die Revolution, mit der er nichts am Hut hatte, in Württemberg weitgehend in geordneten Bahnen verlaufen würde. Und so kam es auch – er kannte schließlich seine Schwaben.

Nur im Gaildorfer Glasfabrikanten Gottlieb Rau hatte er sich verschätzt. Ausgerechnet im katholischen Rottweil agitierte der Rebell für die Abschaffung der Monarchie. Ein Majestätsverbrechen. 4000 Leute waren zusammengelaufen und hörten begeistert seine aufrührerischen Reden. »Wir suchen den gebundenen Geist der Menschen frei zu machen, damit der Schnee und das Eis der Aristokratie endlich schmilzt, beleuchtet vom Strahl der Sonne und durchweht vom Atem Gottes!«

Eine reichlich schwulstige Revolutionsrhetorik. In der Euphorie beschlossen die Rottweiler Rebellen spontan einen »Großen Marsch nach Stuttgart«. Dort sollte in einer Parallelveranstaltung zum Cannstatter Volksfest auf einem echten Fest des Volkes die Republik ausgerufen werden. 1000 Revolutionäre zogen am 24. September 1848 los. Doch schon zwei Tage später wurde der Zug aufgelöst – er war nur bis Balingen gekommen, nicht gerade der direkteste Weg nach Stuttgart.[126] Als »Zwetschgen-Feldzug« ging der »Große Marsch« schließlich in die Geschichtsbücher ein, weil die Revolutionäre ihre Enttäuschung in Zwetschgenwasser ertränkten. Wieder war's nichts geworden mit der Revolution. Gottlieb Rau wurde zu 13 Jahren Haft verurteilt und 1853 begnadigt. Er wanderte, wie so viele, in die USA aus, wo er ein Jahr später starb. Damit herrschte wieder Ruhe im Land.

Das Beispiel Gottlieb Rau zeigt: Rebellen wurden eingesperrt, zensiert oder schikaniert. Besonders tragisch ist der Fall Georg Herwegh, Sohn eines Stuttgarter Kneipiers. Er war einer der bedeutendsten Dichter der 48er-Revolution und ein besonders auffälliger schwäbischer Rebell. Ein Satz von ihm ist bis heute geblieben. Auf die Arbeiter gemünzt, schrieb er den aufrührerischen Satz: »Alle Räder stehen still, wenn dein starker Arm es will.« Er ist von den Schwaben nie so richtig akzeptiert worden. Nicht mal von den schwäbischen Sozialdemokraten. Er war zu anarchisch und zu freiheitsliebend. Außerdem war er – obwohl Sozialist – auch noch mit einer reichen Bankierstochter verheiratet. Das war für einfache Gemüter einfach zu viel. Das passte nicht in die brave pietistisch-protestantische Stuttgarter Welt.

Was man ihm in politischen Kreisen aber besonders übel nahm: Er hat es nicht beim Dichten belassen. Mit der Deutschen Legion hat er an der Seite von Hecker in der Badischen Revolution gegen die verhassten Monarchen gekämpft. Württembergische und preußische Regimenter haben die ja bekanntlich endgültig bei Dossenbach im Schwarzwald besiegt: Danach war Herwegh zusammen mit seiner Frau in die Schweiz geflohen. Die regierungstreue Presse verfolgte ihn noch lange als Vaterlandsverräter und angeblich diabolischen Wirrkopf. Sehr sarkastisch hat er sich an den Medien im wilhelminischen Württemberg poetisch abgearbeitet:

126 Balingen liegt südlich von Rottweil, Stuttgart im Norden.

Der Heimatdichter

Es fechten 300 Blätter,
im Schatten ein Sparterheer,
und täglich erfährst du das Wetter,
schlafe, was willst du mehr.

Nach einem langen Aufenthalt im Schweizer Exil kehrte er nach Deutschland zurück, aber nicht nach Württemberg. Das befand sich noch immer im demokratischen Tiefschlaf. In Württemberg galt er noch immer als Hochverräter. Als einsamer Rebell starb er im Baden-Badener Exil.

Württemberg galt – im Gegensatz zu Baden – als Hort des Konservativen. Biedermeier mit vielen Biedermännern. Der Dichter Ludwig Pfau hat diese Welt in seinem Gedicht »Biedermann« aufs Korn genommen:

> *Regierlich stimmt er bei den Wahlen,*
> *denn er missbilligt allen Streit;*
> *obwohl kein Freund vom Steuerzahlen,*
> *verehrt er sehr die Obrigkeit.*

Obrigkeit – ein Schlüsselwort zum Verständnis schwäbischer Politik. Die Obrigkeit musste sich nicht durch Wahlen legitimieren, sie hatte eine ganz andere Legitimation. Die kommt, wie es der Name schon sagt: von oben.

Nach der 48er-Revolution scheinen die Rebellen auszusterben. Es gab kaum mehr erwähnenswerte Figuren. Der Triumph der Hohenzollern im Kaiserreich hat auch Württemberg und seine Schwaben zeitweise zu Deutschnationalen gemacht. Eigentlich – so redet man sich ein – waren die Hohenzollern ja auch Schwaben. Auf jeden Fall entfernte Verwandte. Schließlich stammten sie von ihrer Stammburg auf dem Hohenzollern. Von den berühmten schwäbischen Tugenden war aber auf dem langen Weg nach Potsdam nicht viel übrig geblieben. Man kann sogar sagen: Der Preuße war zur schlimmsten Perversion des Schwaben geworden: zum Hurra-Patrioten.

70 Jahre später wurde der Traum von der Republik dann aber doch noch wahr. Die Novemberrevolution 1918 schwappte fast unversehens auch nach Stuttgart. Aber auch jetzt ging es in der württembergischen Hauptstadt längst nicht so aufgeregt zu wie anderswo. Württemberg wurde zwar »Volksstaat«, wie es hieß. In Stuttgart übernahm sogar eine sozialistische Regierung zeitweilig die Macht. Es war aber, wie man heute sagen würde, eine »Spätzles-Revolution«: Es ging eher kommod[127] zu. Zwar flatterte provozierend die Rote Fahne vor dem Wilhelmspalais, aber es floss kein Blut.

127 Schwäbisch für: unaufgeregt, wohlgeordnet

Drinnen saß verbittert Wilhelm II., der so gar nichts »Wilhelmini-sches« an sich hatte. Der württembergische »Kenig«[128] verstand die Welt nicht mehr. Anders als sein Namensvetter, der deutsche Kaiser, war er beliebt bei seinen Untertanen. Irgendwie genierte sich der Arbeiter- und Soldatenrat deshalb auch, den König einfach davon-zujagen. Beispielhaft ist eine Szene vom 4. November 1918, als Innenminister von Köhler eine Delegation linker Revoluzzer empfing. Einer der Wortführer, der Spartakist Seebacher, bestätigte dem Innenminister, dass »d'r Kenig sich emmer korrekt verhalta hot«[129]. Dennoch müsse er die Abschaffung der Monarchie fordern: »S'ischt wäga 'm Sischtem!«[130]

Am 5. November 1918 beschloss der Revolutionsrat zwar die »Abdankung aller Dynastien«, aber er ließ dem König Zeit. Als letzter deutscher Monarch verzichtete Wilhelm am 30. November 1918 auf die Krone und verlieh sich noch etwas selbstherrlich den Titel eines »Herzogs von Württemberg«. Die neue Regierung ließ ihn gewähren und attestierte dem König sogar eine »edle Regentschaft«. Revolu-tion auf Schwäbisch.

128 Schwäbisch für: König / 129 Schwäbisch für: »dass der König sich immer korrekt verhalten hat« / 130 Schwäbisch für: »Es ist wegen des Systems.«

Vom Remstal-Rebellen zum Wutbürger

Danach war lange tote Hose. Erst in den 1960er-Jahren tauchte wieder ein Rebell auf, der den Namen auch verdiente: Helmut Palmer. Der zweite Remstal-Rebell, nach dem Geißpeter aus Beutelsbach. Es war eine aufmüpfige Zeit. Die Studenten probten damals den Aufstand. Amerika führte Krieg in Vietnam. Große Themen. Helmut Palmer, der Obsthändler und selbsternannte Pomologe, fing ganz klein an. Es ging ihm zunächst einmal nur um Obstbäume und nicht um die Weltrevolution. Er hatte eigentlich Musik studieren wollen, war aber als Lehrling in der Schweiz gelandet. Dort hatte er den sogenannten Öschbergschnitt kennengelernt. Eine ganz spezielle Art, Bäume zu beschneiden. Sein Sohn Boris Palmer hat es so auf den Punkt gebracht: »Beim Baumschneiden ist es wie in der Politik. Man muss die Oberen stutzen, damit die Unteren, die Kleinen, Licht bekommen.«

Diesen revolutionären neuen Baumschnitt wollte Helmut Palmer seinen schwäbischen Landsleuten beibringen. Die aber wollten nicht. Deshalb war er enttäuscht und fing an, ihnen eine »Furzknicker«-Mentalität vorzuwerfen. Ein verhängnisvoller Konflikt begann. Aber anders als der normale Schwabe bruddelte Palmer nicht bloß vor sich hin, um die Ungerechtigkeit der Welt im Allgemeinen und die Blödheit der Schwaben im Besonderen zu verarbeiten. Er wurde aktiv. Er fand es zum Beispiel frevelhaft, Bäume in den Städten einzubetonieren. Also sägte er sie einfach um. Solche Kettensägen-Massaker brachten ihn mit der Polizei in Konflikt. Damit war Palmers Feind schnell ausgemacht: Es war die Obrigkeit. Und deren Vertreter: Polizisten und Beamte. Die verfolgte er fortan mit einer gnadenlosen Zähigkeit und gelegentlich mit bösartigem Witz. So schüttete er

zum Beispiel den Beamten der Ulmer Stadtverwaltung Mist in ihre Amtsstuben, weil sie nicht rechtzeitig aus der Mittagspause zurückgekommen waren. Die Strafen wurden immer höher und teurer. Er hat sogar einige Monate im Gefängnis auf dem Hohenasperg verbracht. Wie Schubart. Die Schwaben wissen, wie man mit Abweichlern umgeht.

Als Ministerpräsident Filbinger von seiner eigenen Partei zurückgetreten wurde, trat Palmer auf dem Markt in Richterrobe mit Hakenkreuzbanderole auf – als Nazi-Richter. Und mit dem Kreuz auf dem Rücken ging er in den Knast. Ein Hauch von Oberammergau in der schwäbischen Provinz. Die Medien waren immer dabei. Palmer war einer der ersten, die Polit-Happenings veranstalteten. Er kämpfte mit listigen Methoden gegen Bürokratie, gegen Untertanengeist und selbstverständlich gegen die Obrigkeit. Und er hatte kapiert: Wenn man die Obrigkeit verändern will, dann muss man selber ein bisschen Obrigkeit werden. Deshalb hat er insgesamt 250-mal als Bürgermeister, für den Landtag oder für den Bundestag kandidiert. Und einmal hätte er es fast geschafft, in Schwäbisch Hall. 40,5 Prozent der Stimmen im ersten Wahlgang zur OB-Wahl, aber da verschworen sich die Parteien gegen ihn und verhinderten den OB Palmer im zweiten Wahlgang. Kein Wunder, dass er danach überall Verschwörungen witterte.

Palmer war ein dickköpfiger schwäbischer Remstal-Rebell, ein Einzelkämpfer, der viel belacht, aber auch wegen seiner Zähigkeit bewundert wurde. Er konnte auch gnadenlos sein. Als der ehemalige Stuttgarter OB Rommel ihm einmal klarzumachen versuchte, dass man auch mal nachgeben müsse, hat er ihm die Freundschaft gekündigt. So war er halt. Es gab einen Freundeskreis, der sich für ihn einsetzte und ihn für das Bundesverdienstkreuz vorschlug. Vergeblich. Die Bürokraten verweigerten ihm die Anerkennung. Schließlich sei er vorbestraft. Palmer war als Rebell ein Einzelkämpfer. Er wollte sich keinem Verein anschließen, nicht einmal einem Obstbauverein, ein streitbarer Vorläufer der Stuttgarter Wutbürger.

Aber: Es war noch ein weiter Weg zu den Rebellen von Stuttgart 21. Über die Jahre hatte sich viel Wut angestaut. Es brauchte nur einen Anlass, um den Frust endlich loszuwerden. Stuttgart 21 war eine willkommene Chiffre, die Gefühle explodieren ließ. Zunächst allerdings nur zaghaft. Bei der ersten Montagsdemo 2009 kamen ganze vier Demonstranten, dann vierzig und zum Schluss Zehntausende. Es waren keine linken Chaoten, sondern Menschen aus der bürgerlichen Mitte. Palmer war zumindest in Stuttgart salonfähig geworden, rebellieren wurde zum Massenphänomen. Es ging aber nur vordergründig um das verwitterte Muschelkalkmonster, den hässlichen Sackbahnhof. Ein Gefühl der Ohnmacht hatte sich breit gemacht, eine Wut auf Politiker und auf alles, was von oben kam – auf die Obrigkeit. Die Politiker hatten das Projekt Stuttgart 21 korrekt in ihren Gremien ausgehandelt. Alles war demokratisch legitimiert. Aber an den Bürgern vorbei. Über deren Köpfe hinweg.

Normalerweise wäre es gelaufen wie immer: Bruddeln und dann am Wahltag halt doch noch mal das Kreuz an der alten Stelle machen. Ein Ereignis hat aber entscheidend dazu beigetragen, dass viele endgültig Rebellen an der Wahlurne wurden: der »blutige« Donnerstag, an dem die Obrigkeit mit völlig unsinniger Brutalität die Polizei zuschlagen ließ. Diese Polizeiorgie mit Wasserwerfern hat bei vielen den letzten Rest Achtung vor der Obrigkeit weggespritzt. Danach herrschte eine Art Bürgerkriegsstimmung in der Stadt, wenn auch verhalten schwäbisch. Die Regierung war trotzdem sicher, auch nach 58 Jahren CDU-Herrschaft noch alles fest im Griff zu haben. Diese kalte Selbstgefälligkeit hat dann erst recht eine politische Kraft entstehen lassen, die Veränderung wollte. Manch einer überlegte sich jetzt, doch die Grünen zu wählen – denn sie waren die besseren, die aufgeklärten Konservativen.

Ausgerechnet ein grüner Politiker hatte dann den Einfall, Heiner Geißler zum Schlichter zu bestellen. Scheinbar eine clevere Idee. Doch Heiner Geißler ließ Stuttgart 21 einfach totquatschen – in der längsten Talkshow aller Zeiten. Das Ergebnis: Stuttgart 21 durfte – mit Auflagen – weitergebaut werden. Der knitze Jesuitenzögling Geißler hatte den Grünen das Thema elegant entwunden und den schon nahe geglaubten Wahlsieg ins Wanken gebracht. Erst nach einigem Nachdenken wurde denen klar, dass Geißler versuchte, dem Ministerpräsidenten den Wahlsieg auf dem Silbertablett zu servieren. Mappus verspürte nach der Schlichtung wieder Aufwind. Er fraß Unmengen von Kreide und hielt sich auffallend zurück. Die Rechnung schien aufzugehen, noch zwei Wochen vor der Wahl sah es nach einem Wahlsieg für ihn aus. Es stand Spitz auf Knopf.

Eine Naturkatastrophe im fernen Japan hat dann alles klar gemacht. Ein Erdbeben und der Gau im Atomkraftwerk Fukushima hatten den Atomlobbyisten Stefan Mappus zum Schnellstaussteiger aus der Atomkraft mutierten lassen. Diese Kehrtwende kostete ihn endgültig seine Glaubwürdigkeit. Kopflosigkeit war danach Programm. Der rabiate Atomfan Mappus hatte den damaligen Bundesumweltminister Röttgen kurz vorher noch als »Weichei« verhöhnt und zum Rücktritt aufgefordert – über Nacht war er jetzt selbst zum härtesten deutschen Atomgegner geworden. Dem war wohl so etwas wie eine geistige Kernschmelze vorausgegangen. Er beschloss, sofort und brutalstmöglich aus den AKWs Neckarwestheim und Philippsburg auszusteigen. Schneller als alle Grünen. 62 Prozent der befragten Wähler – so ergaben Nachfragen von Dimap – wussten deshalb nicht mehr, wofür Mappus eigentlich stand. Am Wahltag bekam er die Quittung für diesen nur noch wirr wirkenden Opportunismus. Die Rebellen von Stuttgart 21 allein hätten es wohl nicht geschafft. Mappus selbst hat kräftig mitgeholfen, die Wahl zu verlieren.

Und so wurde das lange Undenkbare am 27. März 2011 Wirklichkeit: ein historischer Machtwechsel in der Villa Reitzenstein. Nach 20997 Tagen CDU-Herrschaft zog ein grüner Ministerpräsident in die Villa Reitzenstein ein. Der letzte schwarze Ministerpräsident war unter tätiger Mithilfe seines Medienberaters Dirk Metz aus dem Amt befördert worden. Letztlich aber waren weder die S21-Rebellen noch Fukushima für seine Wahlniederlage verantwortlich – sondern die unprofessionelle Reaktion auf die Krise. Der vermeintliche Macher hatte sich unter Stress als wieselflinker und wetterwendischer politischer Windbeutel entpuppt. »Mappus-Schlappus« höhnte es am Wahlabend aus dem Internet und die Berliner »taz« titelte: »Mappus tiefer gelegt«. Als Ministerpräsident bleibt er eine Episode.

Die Rebellion gegen Stuttgart 21 war der Grundstein für den Wahlsieg der Grünen. Rebellen werden heutzutage nicht mehr von der Obrigkeit geköpft wie einst der Geißpeter, in den Knast gesteckt wie Schubart oder ausgegrenzt wie Helmut Palmer. Das schwäbische Rebellentum ist heute in der Mitte der Gesellschaft angekommen. Es hat lange gedauert. Am Wahlabend ist deshalb ein kleines Wunder geschehen. Schwäbische Rebellen – früher einsam bruddelnde Einzelkämpfer – sind mehrheitsfähig geworden.

Der Schwabe – eine Erfindung der Berufshumoristen?

Keiner sprach ein Wort Schwäbisch. Der Stuttgarter Kommissar nicht, den Richy Müller verkörpert, auch nicht sein Kollege. Schon gar nicht die schöne Staatsanwältin. Nicht einmal eine klitzekleine Nebenrolle war mit einem Schwaben besetzt. Selbst die Verbrecher parlierten makellos in Hochdeutsch. Nur flüchtig dahin geworfene Ortsnamen wie Leonberg oder Stammheim erinnerten gelegentlich daran, dass man nicht in Hamburg oder Hannover war. Stuttgart, die Stadt der Wutbürger, glänzte, ethnisch fein gesäubert, mit konformem hochdeutschen Einheitssprech. Dieser denkwürdige SWR-Tatort im Mai 2013 war absolut schwabenfrei.

Eine Horrorvorstellung. Das Verschwinden des Schwaben treibt verunsicherte schwäbische Chauvis schon lange um. Sie haben Angst vor dem Ende des Schwäbischen.

Steht es denn schon so schlimm? Natürlich nicht. Auch das Deutsche befindet sich ständig im Umbruch. Das Schwäbische erst recht. Das Fernsehen ändert die Sprachgewohnheiten. Massenmobilität und Massenmedien beeinflussen den Alltag und selbstverständlich auch die Mundart. Aber man sollte einen Tatort-Krimi nicht allzu wichtig nehmen. Schwäbisch gibt es schon länger als die TV-Serie. Schwäbisch hat über Jahrhunderte seine Überlebensfähigkeit bewiesen und sich immer angepasst. In der »Franzosenzeit«[131] hat es viele Wörter einfach eingeschwäbelt. »Trottwar« zum Beispiel (franz. trottoir) oder »Bodschamber« (pot de chambre), »Schäsloh« (chaise longue), »Schohdoh-Soß« (auf warmem Wasser – chaude eaux – geschlagene Weinsauce). Schwäbische Wörter, so haben Freiburger Sprachforscher herausgefunden, »verwässern« sogar immer häufiger die Sprache der Badener. Wer hätte das gedacht!

---

131 Umgangssprachlich die Epoche von 1792 bis 1815, in der der gesamte deutschsprachige Raum zum französischen Einflussgebiet wurde

»Stirbt Schwäbisch aus?«, fragte trotzdem besorgt die Hohenzollerische Zeitung. Und bei ihr meldeten sich junge Schwaben zu Wort, die trotzig ihr Schwäbisch verteidigten, weil es so wunderbare Begriffe wie »Lällabäbbel«[132] und »Breschdling«[133] gebe. Anders als viele junge Schwaben in der Landeshauptstadt hängen diese Schüler an ihrem Dialekt. In der Schule sprechen sie inzwischen notgedrungen ihre erste Fremdsprache: Hochdeutsch. Mit ihren Freunden schwätzen sie aber nach wie vor schwäbisch. Es zeigt sich: Die Schwaben können nicht alles, aber viele inzwischen Hochdeutsch. Wenn es unbedingt sein muss.

Selbst der SWR hat den Glauben an das Schwäbische nicht ganz verloren. Er sendet immer mehr schwäbische Geschichten. Im »Dritten«. Ein besonderer Lichtblick ist »Die Welt auf Schwäbisch«. Bekannte Sendungen wie die »Tagesschau«, Dokumentationen und Hollywoodfilme werden durch das Unterlegen von banalen schwäbischen Texten verfremdet. Eines der Glanzlichter: Ausschnitte aus einem Hollywoodschinken mit Cary Grant und Audrey Hepburn. Grant wird vom schlüpfrigen Liebhaber zum derben Flaschner umfunktioniert, der die Badewanne reparieren soll. Als sich Grant und Hepburn dabei schließlich menschlich und körperlich näher kommen, haucht Audrey Hepburn ihm erregt ins Ohr: »I hab's scho emmer g'sagt: Fichtanodla send's beschde zom Bada!« Hollywoodkitsch ade. Intelligente Unterhaltung auf Schwäbisch.

Was Schwäbisch ist, haben lange populäre Radiofiguren wie das »Rundfunk-Fritzle« oder »Häberle und Pfleiderer« bestimmt. Willy Reichert, Oskar Heiler, Max Strecker, Werner Veidt, Oscar Müller und Walter Schultheiß. Diese Galerie von Berufsschwaben hat das Schwäbische gehegt und gepflegt. Nicht alle hatten den Charme und den Witz von Willy Reichert, der dem Schwäbischen das Ruppige und Derbe ausgetrieben hat. Mit einem ganz einfachen, aber raffinierten Trick. Mit dem schwäbischen Diminutiv:

132 Schwäbisch für: wehleidiger Mensch / 133 Schwäbisch für: Erdbeere

Leg di nomm mai Joggele,
leg dai goldigs Meggele
auf des waiche Kissele
ond dann schlof a bissele.

Dieses Wiegenlied ist eine grandiose Verniedlichungsorgie, eine Spezialität Willy Reicherts. Es hat seine Wirkung nicht verfehlt und zeigte, dass Schwaben sentimental werden können. Auch Werner Veidt, mit seinem herzzerreißenden Liedle »I möchte amol wieder a Lausbua sei«. »Der Schwabe« war also, zugespitzt formuliert, eine Erfindung der Berufshumoristen, die jahrzehntelang das Schwabenbild »herbeibabbelten«.

Dann wurde die Luft für Schwäbisch immer dünner. Eigentlich für alle Dialekte. Einer, der lange als Schwabe durch die Medien stolzierte und so das Schwabenbild mitprägte, war Gotthilf Fischer. Scheinbar ein harmloser Geselle. Der hatte es nicht so sehr im Kopf, mehr im Kehlkopf. Er sang allerdings nicht selbst, er ließ singen. Jahrzehntelang betrieb er so eine Art McDonald's-Version des Schwäbischen Sängerbundes. Ein knitzer Egomane und genialer Selbstvermarkter. Das Gegenteil eines Wutbürgers. Aus der behäbigen Volksmusik machte er musikalisches Fastfood: billig, bunt und laut, mit jubilierenden Massenchören. Das hätte nicht weiter gestört, wenn da nicht diese penetrante Selbstvermarktung gewesen wäre. Niemand auf der Welt war mehr sicher, von den Fischer-Chören nicht angesungen zu werden – der Papst nicht und auch nicht der amerikanische Präsident. Galt der Schwabe bisher schon als spießig, geizig und sparsam, sang er jetzt auch noch – nicht unsympathisch, aber ein bisschen beschränkt halt.

Napoleon, so hatte einst der schwäbelnde Philosoph Hegel verkündet, war der »Weltgeist zu Pferde«. Mit Ludwig Uhland gesprochen, war Gotthilf Fischer eher des »Sängers Fluch« – zu Fuß.

Gotthilf Fischer war nicht unbedingt der Mann für ein neues schwäbisches Selbstbewusstsein. Schon eher Jürgen Klinsmann, Harald Schmidt, Lothar Späth, Manfred Rommel, Heiner Geißler, Rezzo Schlauch, Mathias Richling und der Stuttgarter Tatort-Kommissar Bienzle – sie alle haben mehr für die Akzeptanz des Schwäbischen getan als alle vereinsmeierischen Versuche zur Imageverbesserung. Und nicht zu vergessen: Ministerpräsident Winfried Kretschmann. Der ist besser als mancher Humorist. Als der türkische Ministerpräsident Erdogan den Deutschen vorwarf, sie würden die Integration seiner Landsleute behindern, indem sie akzentfreies Hochdeutsch verlangten, widersprach der schwäbische Regierungschef: »Des verlangt koiner! I ko des au ned!«[134]

Und so wächst – trotz aller Unkenrufe – langsam das schwäbische Selbstbewusstsein, und der »Hässliche Schwabe« stirbt, jeden Tag ein bisschen mehr. Anton Schlecker, jahrzehntelang die Verkörperung dieses fiesen Schwabentyps – knickrig, geldgierig und unsozial –, ist nach seiner Pleite aus der Öffentlichkeit verschwunden. Der sprichwörtliche schwäbische Geiz ist in vielen Gegenden schon dem Wohlstand zum Opfer gefallen, und das harte Zuchtregime des Pietismus ist längst gebrochen. Die Schwaben sind seit einiger Zeit dabei, »normaler« zu werden – trotz allen historischen Ballasts. Die schleichende »Verbadenserung« der Württemberger, oder besser gesagt, der zunehmende Hedonismus, ist unübersehbar. Es soll inzwischen sogar Schwaben geben, die sich getrauen, das Leben ohne schlechtes Gewissen einfach zu genießen. Die lustfeindliche Strenge, der frömmlerische Mief und die penetrante Selbstgerechtigkeit der evangelischen Pfarrhäuser sind verschwunden. Die neue Schwabengeneration liebt noch die Askese – einmal wöchentlich im Yoga-Kurs. Sie ist anders: unverkrampfter und manchmal völlig unschwäbisch, nämlich fröhlich. Dabei ist sie jenen Schwaben ähnlich, die nicht mehr Gscheidle oder Häberle heißen, sondern Bobic, Khedira, Özdemir oder Tasci. Manche übertreiben allerdings schon

---

134 Schwäbisch für: »Das verlangt niemand. Ich kann's auch nicht!«

wieder ein bisschen und schwadronieren von neuer »Schwäbisch-ness«. Und vermehrt schleichen sich eingeschwäbischelte Angli-zismen ein – so verteilt die Chefin einer Buchhandlung bei der Weihnachtsfeier keine »G'schenkla« mehr, sondern »Give-away-la«. Auf Schwäbisch nennt man solche parfümierten Formulierungen: »Schofscheiß«[135].

Vieles hat sich eben in den letzten Jahrzehnten im Schwäbischen verändert. Langsam verschwindet jener Schwabentyp, der das Pro-dukt der evangelischen »Kirchenzucht« war. Aber es gibt ihn noch

135 Schwäbisch für: sehr dummes Gerede

vereinzelt, diesen kauzigen Erzschwaben, der an extremen Eigenheiten festhält. Zumindest im Fernsehen.

Felix Huby hat eine dieser knorrigen Figuren in einem seiner Bienzle-Tatorte auftreten lassen. Den nervigen Hausverwalter. Der sagt:»Gehen Sie bitte die Treppe rechts rauf und links wieder runter, damit sich die Treppe in der Mitte nicht so abnutzt.« Ein schreckliches Schwabenklischee. Felix Huby versicherte mir allerdings im Interview hoch und heilig, dass er diesen schwäbischen Ordnungs-Fex selbst erlebt habe.

Noch so eine Veränderung: Während man früher zum Essen nur zu besonderen Anlässen in die Wirtschaft ging – alles andere war Geldverschwendung und ein Beleg dafür, dass die eigene Frau nicht kochen konnte –, hat sich auch diese schwäbische Eigenheit mittlerweile weitgehend verabschiedet. Es gibt in Stuttgart inzwischen mehrere Gourmet-Restaurants. In den 1960er-Jahren noch völlig unvorstellbar. Baiersbronn, im einstmals pietistisch geprägten Schwarzwaldtal, ist sogar zu einem Wallfahrtsort für Genießer geworden. Nirgendwo in Deutschland gibt es so viele Michelin-Sterne pro Kopf der Bevölkerung. Der Schwabe Harald Wohlfahrt gehört zu den besten Köchen der Welt. Der Starkoch Vincent Klink, der früher vom Kirchenkonvent wegen Verschwendung und Beihilfe zur Völlerei angeklagt worden wäre, kocht jetzt ungehindert im Fernsehen drauf los. Und der barocke und skandalresistente Ex-Finanzminister und Ex-DFB-Boss Gerhard Mayer-Vorfelder war lange ein einsamer Vorreiter dieser Lust-Generation. Der in Mannheim geborene Mayer-Vorfelder hat schließlich durch sein »Lebenswerk« bewiesen, dass nicht jeder Schwabe pietistisches »Maßhalten« für den höchsten Lebenszweck hält. Ein Genuss-Guerillero.

Auch die sprichwörtlich bigotte Boshaftigkeit evangelischer Konsistorialräte und Pfarrfrauen ist verschwunden. Gelegentlich spürt man noch einen Hauch davon bei den Auftritten der resoluten Ex-Justizministerin Herta Däubler-Gmelin. »Die Herdda« hat sich einst mit ihrer »Schwertgosch«[136] um Amt und Würden geredet, weil sie Präsident Busch mit »Adolf Nazi« verglich. Man merkt an ihrem ungebrochenen Selbstbewusstsein, dass sie aus der alten »Ehrbarkeit«, der Elite stammt, die Württemberg über Jahrhunderte regiert hat.

Diese schwäbischen Gestalten sterben allmählich aus. Prototyp war der berühmte schaffige schwäbische Unternehmer, der am Sonntagmorgen genervt und untätig auf dem Flughafen in Sydney rumsitzt, weil »mr drhoim d' Bäum spritza müsst«[137]. Als Vorbild für diese Anekdote diente Thaddäus Troll der umtriebige Kühlschrankfabrikant Fink aus Asperg. Trolls Schwaben hatten ihre Wurzeln noch auf dem Lande und besaßen dort selbstverständlich ein »Obst-Schdückle«[138]. Wie der »Bere« Fundel. Der bodenständige CDU-Landtagsabgeordnete von der Schwäbischen Alb. Tiberius Fundel, wie er eigentlich hieß, war Müllermeister und ein schwäbisches Original. Er machte keinen Wahlkampf. Er ging lieber zu jeder Hochzeit und zu jeder Beerdigung. Das war billiger und effektiver und brachte ihm Mehrheiten im Wahlkreis, von denen Ministerpräsident Kiesinger nur träumen konnte. Der »Bere« war halt ein ausgekochtes Schlitzohr. Als er aus dem Landtag in Stuttgart wegen seines Alters ausscheiden sollte, verkündete er vor der versammelten CDU-Fraktion: »Jetzt gang i hoim ond schiaß nomal scharf!« Neun Monate später wurde er noch einmal Vater. Sehr eigenwilliger schwäbischer Humor.

Eins ist hoffentlich klar geworden: »Den« Schwaben gibt es nicht. »Der« Schwabe ist eine Kunstfigur, Produkt der Berufshumoristen, die ihn aus Versatzstücken der Vergangenheit zusammengebastelt haben. Jahrzehntelang malträtierten schwäbische Scherzbolde ihr Publikum mit ausgeleierten Kehrwochen-Couplets und abgenutzten »Schaffe, schbare, Häusle baua«[139]-Witzen. Schwäbische Humoristen, die sich über Schwaben lustig machten und damit ihre schwäbischen Landsleute zum Lachen brachten – warum auch immer. Dieser Kunstschwabe hatte mit der Wirklichkeit nie etwas zu tun. Heute kommen

---

136 Schwäbisch für: böse Zunge / 137 Schwäbisch für: »weil man zu Hause an den Bäumen Schädlingsgift spritzen müsste« / 138 Schwäbisch für: eine Obstwiese / 139 Schwäbisch für: »Arbeiten, sparen, Haus bauen«

diese Schmalspur-Entertainer in immer größere Bedrängnis – denn ihre Standardwitze zünden nicht mehr. Allmählich beginnt sich herumzusprechen, dass die Kehrwoche in Stuttgart offiziell abgeschafft ist (wenn auch manche Schwäbin aus Gewohnheit einfach weitermacht), die Saarländer mehr Wohn- und Grundbesitz haben als die Schwaben und – laut Postbank-Statistik – in Bayern, Hessen und Hamburg in den letzten Jahren mehr gespart wird als in Baden-Württemberg. Klischee ade.

Ist der Schwabe also ein Schwejk, der sich hinter der Maske der Einfalt und der Derbheit versteckt, weil er in Wirklichkeit zu überlegener Selbstironie fähig ist? Wie beispielsweise Harald Schmidt, der ganz bestimmt nicht an einem Minderwertigkeitskomplex leidet. Ab und zu spielte Schmidt im Fernsehen die »schwäbisch-hällische Landsau«, aber zuletzt hat er sich auf dem Bezahlsender Sky fast unsichtbar gemacht. Ein Zyniker. Ganz anders Mathias Richling. Der spricht ein anarchisch-subversives Kunstschwäbisch, weil er erkannt hat, dass er damit die größten Gemeinheiten sagen kann, nett verpackt, aber hinterhältig, also: »hehlinga«[140].

Noch einmal: Ist der Schwabe also ein Schwejk?

An sich gefällt mir diese Einschätzung schon. Stimmt sie denn? Zweifel sind erlaubt. Übrigens: Im Zweifeln sind sich alle einig, so unterschiedlich sie auch sonst sein mögen – die Neckar- und die Oberschwaben, die aus dem Allgäu und aus Augsburg. Das tief empfundene Misstrauen gegen sich selbst gehört zu den unergründlichen Eigenschaften aller Schwaben. Viele halten auf eigentümlich verbohrte Weise an Klischees fest, die andere oder sie selbst in Umlauf gebracht haben. Sie scheinen tatsächlich zu glauben, dass sie geizig, maulfaul und grüblerisch seien. Auch wenn sie offensichtlich ganz normal sind, leiden sie lieber fast genüsslich an dieser rätselhaften schwäbischen Krankheit.

Und so lebt er in den Medien halt doch irgendwie weiter – dieser Operettenschwabe: sparsam, geizig, kehrwütig, Spätzle mampfend

140 Schwäbisch für: heimlich

und Häusle bauend, obwohl Schwaben inzwischen ja ganz anders sind. Wutbürger, Weltmarktführer, manchmal Weltbürger und gelegentlich sogar Genießer. Die alte Schwaben-Folklore ist halt zählebig und die jungen, aufmüpfigen Kulturrevoluzzer haben es schwer. Der Spätzlesschwabe stirbt einen sehr langsamen Medientod. Der neue Schwabe ist noch völlig unfertig – er ist noch in der Mache. Man weiß deshalb ja schon lange nicht mehr, woran man eigentlich ist. Bruddler, Brägler oder Bonvivant? Selbst der berühmte Volksmund ist verwirrt, weshalb er gelegentlich die heimliche schwäbische

Nationalhymne intoniert und mit altbekannten Klischees spielt. (Als Autor vermutet man den Spötter Joachim Ringelnatz.) Selbstverarschung auf Schwäbisch:

> *Kennst du das Land, wo keiner lacht,*
> *wo man aus Weizen Spätzle macht,*
> *wo jeder zweite Fritzle heißt,*
> *wo man noch übern Balken scheißt,*
> *wo jede Bank ein Bänkle ist*
> *und jeder Zug ein Zügle.*
>
> *Wo man den Zwiebelkuchen frisst*
> *und Moschd[141] sauft aus dem Krügle.*
>
> *Wo daube[142] Sau, leck mich am Arsch*
> *in keinem Satz darf fehlen,*
> *wo sich die Menschen Tag und Nacht*
> *mit ihrer Arbeit quälen,*
> *wo jeder auf sein Häusle spart,*
> *hat er auch nichts zu kauen,*
> *und wenn er vierzig, fünfzig ist,*
> *dann fängt er an zu bauen.*
> *Doch wenn er endlich fertig ist,*
> *schnappt ihm das Arschloch zu,[143]*
> *oh Schwabenland, gelobtes Land:*
> *wie wunderbar bist du!*

Das unvermeidliche »Arschloch« steht hier als Synonym für Leben. Wenn es »zuschnappt«, ist es eben aus. Klar. Eine sehr grobe, schwäbische Weltsicht. Und so bleibt »Arschloch«, wenn man die Schwaben verstehen will, eben doch eins der Schlüsselwörter.

Freilich, der Humor der Schwaben ist subtiler und leiser, aber er wird außerhalb der Sprachgrenzen kaum verstanden. Deutschland, deine Schwaben. Die sind eben ganz anders. Es gibt einen ganz

---

141 Schwäbisch für: Most / 142 Schwäbisch für: blinde /
143 Schwäbisch für: stirbt er

neuen Bürgertyp. Der ist wohlhabend, fleißig, aufgeschlossen und grün – wie etwa der Sohn des ehemaligen Ministerpräsidenten Filbinger. Das muss der Rest der Deutschen erst noch lernen. Aber auch manch irritierter Schwabe.

Was also gilt jetzt? Sensiblere Seelen haben noch einen Pfeil im Köcher, der alle Schwabenklischees erledigen hilft. Und zwar final. Es ist ein spitzbübischer Satz, voll philosophischer Leichtigkeit:

»Wenn no älle Leid so wäret, wie i sai sott!«

Hochdeutsch: »Wenn nur alle Leute so wären, wie ich sein sollte«. Ein heimliches schwäbisches Manifest. Der Mensch ein unvollkommenes Wesen. Kein Kant'scher Imperativ[144], sondern ein knitzes schwäbisches Konjunktivle. Typisch halt, selbstkritisch und lebensnah. Es lässt den Vorzeige-Idealisten Kant ziemlich alt aussehen. Der hatte es mit Maximen. Der schwäbische Alltagsphilosoph mit der Realität und den manchmal unerreichbaren Möglichkeiten. Kein moralinsaurer Philosophismus. Kein dröhnendes bayerisches »mir san mir«.

»Wenn no älle Leid so wäret, wia i sai sott!« Aus diesen Zeilen spricht die Melancholie des Zweifels. Zum Schluss also: Schöne Grüße aus der schwäbischen Grübelfalle. Gerade deshalb ist und bleibt der Schwabe halt doch »a bissle a Arschloch« – wenn auch auf wesentlich höherem Genuss-Niveau.

---

144 »Handle nur nach derjenigen Maxime, durch die du zugleich wollen kannst, dass sie ein allgemeines Gesetz werde.«

Literatur

Sebastian Blau: Schwobaspiegel.
DVA, Stuttgart 1981

Otto Borst (Hrsg.): Wege in die Welt.
DVA, Stuttgart 1989

Otto K. Deutelmoser: Die Ehrbarkeit.
Hohenheim 2010

Josef-Otto Freudenreich: Wir können alles.
Filz, Korruption & Kumpanei im Musterländle.
Klöpfer & Meyer, Tübingen 2008

Anton Hunger: Gebrauchsanweisung für Schwaben.
Piper, München 2007

Horst Jaedicke, Willy Reichert: Er wollte alles, außer Schwäbisch.
Hohenheim 2010

Karl Moersch: Es geht seltsam zu in Württemberg.
DRW, Leinfelden-Echterdingen 1998

Karl Moersch: Sperrige Landsleute. DRW,
Leinfelden-Echterdingen 1996

Karl Napf: Der Schwabe als solcher.
Konrad-Theiss, Stuttgart 1999

Hans Rainer Reinhardt: Wie die Schwaben Schwaben wurden.
DRW, Leinfelden-Echterdingen 1992

Thaddäus Troll: Deutschland deine Schwaben.
Hoffmann und Campe, Hamburg 1968

Thaddäus Troll: Wo kommet denn dia kloine Kender her? A Bilderbuach ieber a
hoikels Thema ohne Dromromgschwätz fir Kender ond fir Alte, wo jong blieba sent,
noch dem englischa Buach vom Peter Mayle; Silberburg Verlag 2006

Schwabenbilder. Zur Rekonstruktion eines Regionalcharakters.
Begleitband zur Ausstellung Schwabenbilder, Tübingen 1997

Wilhelm Streng: Moral und Kirchenzucht des Absolutismus.
Internetveröffentlichung

Alfred Weitnauer: Auch Schwaben sind Menschen.
Allgäuer Zeitungsverlag, Kempten 1966

Schwöbisch für Anfänger

Heute:
„Alter Junge"

Ulrich Kienzle

»Noch Fragen, Kienzle?« – Diese Frage seines Partners Bodo Hauser im ZDF-Magazin »Frontal« machte aus dem Top-Journalisten eine TV-Legende. Ulrich Kienzle begann seine TV-Karriere in Stuttgart. Er war zunächst Leiter der SDR-»Abendschau«, für die er vor 40 Jahren die Figur des »Bruddlers« erfunden hat – mit seinen intelligenten, hintersinnig-witzigen Texten eine unvergessene Paraderolle für den Stuttgarter Schauspieler Werner Veidt. Später berichtete Ulrich Kienzle im Auftrag des Stuttgarter Senders für die ARD aus dem Nahen Osten. Er war Korrespondent im südlichen Afrika und von 1980 bis 1990 Chefredakteur Fernsehen bei Radio Bremen. Bis 1993 leitete er die ZDF-Hauptredaktion Außenpolitik, moderierte das ZDF-»auslandsjournal« und – nachdem er längst, zusammen mit seinem »rechten Gegenpart« Bodo Hauser, Leitung und Moderation des Magazins »Frontal« übernommen hatte – war der letzte westliche Journalist, der Saddam Hussein interviewte.

Ulrich Kienzle polarisiert. Als er noch Chefredakteur war bei Radio Bremen, endete eine ARD-Konferenz weinselig und damit, dass sein bayerischer Kollege Wolf Feller wütend eine Flasche Trollinger nach ihm warf. Die Flasche verfehlte ihr Ziel. Sie zerschellte an der Wand hinter Kienzle und die Schlagzeile am nächsten Tag lautete: »ARD-Chefredakteure bewerfen sich mit Rotwein.« Kienzle zum Spiegel: »Geworfen hat nur der Feller. Ich werfe nie mit Trollinger. Trollinger ist schließlich ein Kulturgut«. Denn Ulrich Kienzle ist ein Genussmensch.

Mario Lars

Hinter dem Pseudonym Mario Lars steckt der Zeichner Roland Regge-Schulz. Er hat als Grafiker und Journalist für eine Regionalzeitung gearbeitet, hat dort jahrelang als Ressortleiter die Optik des Blattes verantwortet. Heute arbeitet er freiberuflich.

1964 in Hagenow geboren, flüchtete Mario Lars schon nach 30 Tagen aus der Klein- in die Großstadt. Er ist verheiratet, hat eine Frau, vier Kinder und keinen Hund, lebt in einem Dorf am Rande der Großstadt und betreibt dort mit seiner Familie eine kleine kreative Enklave namens Schulzenhof. Hier entstehen die meisten Ideen für seine Cartoons, Texte und Bücher. Die Bilderbücher für Erwachsene »Ossi & Wessi« (2005) und »Olaf, du Ochse« (2006) sind im eigenen Farbfigur-Verlag erschienen.

Die ersten Karikaturen von Mario Lars sind in alten Schulbüchern zu finden. Was die Lehrer damals nicht sonderlich amüsierte. Heute finden sich seine Arbeiten in Regionalzeitungen von Hamburg bis Aschaffenburg, in überregionalen wie der »taz«, im Internet bei »Extra 3« und »Spiegel Online«, in Zeitschriften wie »Eulenspiegel« und »Titanic« und im Buchregal in einer Reihe von Cartoon-Samplern.

Mario Lars wurde für seine Cartoons und Karikaturen mehrfach ausgezeichnet. Unter anderem beim Deutschen Karikaturenpreis mit dem Geflügelten Bleistift in Bronze (2011) und dem Ilse-Bähnert-Preis/Publikumspreis (2008).

Ulrich Kienzle
und die Siebzehn Schwaben
Eine Reise zu
eigenwilligen Deutschen

Ulrich Kienzle hat sich auf eine Reise begeben.
Nach Berlin und Baiersbronn, nach Stuttgart,
Schwäbisch Hall und München, nach Hamburg,
Frankfurt und London. Siebzehn außerge-
wöhnlichen Menschen ist er dabei begegnet.
Sie sind klug und erfolgreich. Sie leben span-
nende, außergewöhnliche Lebensentwürfe.
Und sie sind völlig unterschiedliche Persönlich-
keiten. Eins eint sie: Sie sind Schwaben.

16 Wochen auf der
SPIEGEL-Bestsellerliste

Ulrich Kienzle
Abschied von 1001 Nacht
Mein Versuch, die Araber zu verstehen

»Kienzle hat nicht nur ein Buch über die arabische Welt geschrieben, sondern auch eines über
das deutsche Fernsehen, das man so noch
nicht kannte.«
Claudia Tieschky, Süddeutsche Zeitung

»Es ist das große Verdienst dieses Buches, politische Entwicklungen durch die Beschreibungen
gesellschaftlicher Merkmale im Nahen Osten
greifbar zu machen. Der „Arabische Frühling"
lässt sich deutlich besser verstehen und einord-
nen, wenn Ulrich Kienzles Buch gelesen ist.«
Jörg Biallas, Das Parlament

Ein Zeitgemälde. Und ein ungemein reflektierendes Buch – das persönlichste und berührendste einer großen Autorin.

Sybil Gräfin Schönfeldt
Hoffen auf das Bessere
Vom langen Weg in eine neue Zeit
Eine Familiengeschichte

In ihrer virtuos montierten Familiengeschichte schildert Sybil Gräfin Schönfeldt, die Grande Dame des deutschen Nachkriegs-Journalismus, ein Stück epochaler Zeitgeschichte: den Zeitenwechsel von der Monarchie zur Demokratie. In der Biografie ihrer Kinder- und Jugendjahre erzählt sie mit genialer Leichtigkeit von einer vergangenen Welt der Schlösser und Paläste, deren Protagonisten versuchen, sich in der neuen Zeit zurechtzufinden.

Ein fesselndes Plädoyer für
Transparenz und Demokratie,
für Eigeninitiative und
Verantwortungsbewusstsein.

Walter Sittler und Gerd Leipold
Zeit, sich einzumischen
Vom Taksim-Platz nach Island
Begegnungen auf dem Weg ins Anthropozän

Zwei Männer haben sich auf eine Reise begeben.
Der langjährige Chef von Greenpeace Inter-
national und der Schauspieler Walter Sittler.
Sie sprechen mit Wikileaks-Aktivisten. Und mit
Politikern wie Griechenlands Ex-Premier
Papandreou. Die Eindrücke ihrer Begegnungen
mischen sich mit Autobiografischem.
Und verdichten sich zu einer faszinierenden
Bestandsaufnahme der Herausforderungen,
die sich unserer Zivilgesellschaft im 21. Jahrhun-
dert stellen. Ein literarisches Roadmovie –
spannend, hochinformativ, berührend.